C.H.BECK ■ WISSEN

in der Beck'schen Reihe

Hartwin Brandt beschreibt in dem Band *Das Ende der Antike* in konziser, gut lesbarer und anregender Form die Geschichte der Spätantike von 284 bis 565 n.Chr. Neben der knappen und klaren Vermittlung der Ereignisgeschichte liegt ein besonderes Anliegen des Autors darin, die Aktualität der Antike in der Moderne aufzuzeigen. Dies gilt um so mehr, als die Ausbreitung des Christentums, das Spannungsverhältnis zwischen kirchlicher und weltlicher Macht, die Kodifizierung des Rechts, die Rezeption antiker Kultur in den germanischen Nachfolgereichen und das Weiterwirken antiken städtischen Lebens auch das mittelalterliche und neuzeitliche Europa beeinflußt und geprägt haben. *Das Ende der Antike* läßt zahlreiche Zeitzeugen in gut verständlichen Übersetzungen zu Wort kommen und verschafft so dem Leser einen unmittelbaren Zugang zu den Eigenheiten und Problemen dieser spannungsreichen, von mannigfaltigen Umbrüchen bestimmten ‚Wendezeit' zwischen Antike und Mittelalter. Die für viele Jahrzehnte in der Forschung als Zeit des Niedergangs begriffene Spätantike erscheint hier als eine Epoche eigener Dignität, in welcher die Wurzeln des modernen Europas gründen.

Hartwin Brandt, Jahrgang 1959, lehrt als Professor für Alte Geschichte an der Universität Bamberg. Sozial-, Wirtschafts- und Geistesgeschichte der Spätantike, Geschichte, Epigraphik und Archäologie Kleinasiens und die Griechische Geschichte des 6. und 5. Jahrhunderts v.Chr. bilden seine Hauptarbeitsgebiete. Im Verlag C.H.Beck ist von ihm lieferbar: *Zeitkritik in der Spätantike,* 1988 (Vestigia); *Wird auch silbern mein Haar. Eine Geschichte des Alters in der Antike,* 2002.

Hartwin Brandt

DAS ENDE DER ANTIKE

Geschichte des spätrömischen Reiches

Verlag C. H. Beck

Mit 10 Abbildungen

Die erste Auflage dieses Buches erschien 2001.

2. Auflage. 2004

Originalausgabe
© Verlag C. H. Beck oHG, München 2001
Gesamtherstellung: Druckerei C. H. Beck, Nördlingen
Umschlagabbildung: Ornamentstreifen,
Mausoleum der Galla Placidia, Ravenna, 5. Jh.
Photo: Antonello Perissinotto, Padua
Umschlagentwurf: Uwe Göbel, München
Printed in Germany
ISBN 3 406 51918 0

www.beck.de

Inhalt

1. Die Spätantike – Spätzeit und Frühzeit 7
2. Diokletian und die Tetrarchie (284–305):
   Ein Neuanfang. 10
3. Konstantin der Große (306–337):
   Durchbruch und Aufbruch 20
4. Die Konstantinsöhne (337–361): Rückschritte 34
5. Julian (361–363): Grandioses Scheitern 42
6. Valentinian I. und Valens (364–378):
   Übergang und Einbruch 49
7. Theodosius der Große (379–395):
   Das Ende der Einheit?. 57
8. Von Theodosius I. zu Theoderich (395–526):
   Das Ende des Westreiches 70
9. Von Theodosius I. zu Justinian (395–565):
   Von Rom nach Byzanz 87
10. Ende und Anfang: Auf dem Weg nach Europa 104

Zeittafel 108
Literaturhinweise. 110
Abbildungsverzeichnis 111
Register. 112

1. Die Spätantike – Spätzeit und Frühzeit

Die um das Wörtchen „spät" gebildete Begrifflichkeit weckt Vorstellungen vom nahenden Ende einer zeitlichen Kontingenz: Frühzeit und Reife liegen bereits in der Vergangenheit, Verfall, Schwäche und anbrechende Finsternis künden vom baldigen Schlußpunkt – des Tages, des Lebens oder auch einer Epoche. In Thomas Manns „Buddenbrooks", untertitelt „Verfall einer Familie", schmökert der spätgeborene Hanno eines Mittags in familiengeschichtlichen Papieren, läßt „seine Augen noch einmal über das ganze genealogische Gewimmel hingleiten" und zieht dann „mit der Goldfeder einen schönen, sauberen Doppelstrich quer über das ganze Blatt hinüber." Als ihn sein Vater dafür harsch zur Rede stellt, stammelt Hanno nur: „‚Ich glaubte ... ich glaubte ... es käme nichts mehr ...'". Zwar ist das Romangeschehen (und die Familiengeschichte) an diesem Punkt faktisch noch nicht beendet, doch in einem tieferen Sinne hat der kleine Spätling recht: Es kam eigentlich nichts mehr, mit der Familie war auch ein Zeitalter am Ende angelangt.

Seit Jacob Burckhardt Mitte des 19. Jahrhunderts in seinem Buch über ‚die Zeit Constantins des Großen' von der ‚spätantiken Zeit' sprach, hat sich in der gelehrten Forschung der Begriff ‚Spätantike' eingebürgert, zunächst mit den eben genannten Konnotationen: Natürlich ‚kam noch etwas' – in ereignisgeschichtlicher Hinsicht – nach dem goldenen Zeitalter der römischen Kaiserzeit; aber war dies im eigentlichen Sinne überhaupt noch ‚etwas'? Waren die Jahrhunderte zwischen ca. 300 und ca. 600[1] nicht vielmehr nur der spätherbstliche Ausklang einer nahezu jahrtausendlangen Blütezeit beziehungsweise die Ouvertüre zu den ‚dark ages' des Mittelalters, das wiederum erst nach vielen Jahrhunderten neuerlichen Anschluß an das *aureum saeculum* der Antike finden sollte?

---

[1] Alle Jahresangaben in diesem Band bedeuten, wenn nicht anders angegeben, „nach Christus".

Ihre aus althistorischer Sicht gewissermaßen kanonische Form hat diese Auffassung bereits im 19. Jahrhundert gefunden: Der Kaiser Diokletian (284–305) habe als Begründer des absolutistischen Dominats mit den Traditionen des römischen Prinzipats gebrochen und sich eine geradezu gottähnliche Position angemaßt; seine Nachfolger hätten sich hinter einem immer maßloser werdenden Hofprunk verschanzt und zunehmend von den Geschehnissen in Staat und Gesellschaft entfernt, die wiederum von wachsender Bürokratisierung und Erstarrung gekennzeichnet gewesen seien. Dieser inneren Schwäche habe folgerichtig ein Schwinden der äußeren Widerstandskräfte und militärischen Fähigkeiten entsprochen, wodurch der Zerfall des Imperium Romanum begünstigt und letzten Endes besiegelt worden sei.

Lange Zeit hat eine derartige Sichtweise die Wissenschaft dominiert, erst in den letzten Jahrzehnten ist sie im Zuge zahlreicher Untersuchungen zu Politik und Herrschaft, Gesellschaft und Wirtschaft sowie Kultur und Religion zwischen Diokletian und Justinian (527–565) stärker in den Hintergrund getreten. Nunmehr gilt die Spätantike als Epoche eigener Dignität, die einerseits durchaus noch genuin antiken Charakter besaß, andererseits aber – vor allem durch die Ausbildung der christlichen Kirche und durch die Christianisierung von Staat, Gesellschaft und Geistesleben – die wichtigen strukturellen Voraussetzungen des Mittelalters schuf. Mediävisten und Byzantinisten pflegen unseren Zeitraum denn auch bisweilen als ‚protobyzantinisch' oder (mit Blick auf das 5. Jahrhundert) gar als ‚frühmittelalterlich' zu bezeichnen und betonen seinen Übergangscharakter. In der Tat scheint die Ianusköpfigkeit das hervorstechende Charakteristikum der Spätantike zu sein: Altes wandelt sich, Manches vergeht oder tritt hinzu, und Neues entsteht; Kontinuität steht neben Diskontinuität – das Ende der Antike markiert zugleich einen Anfang.

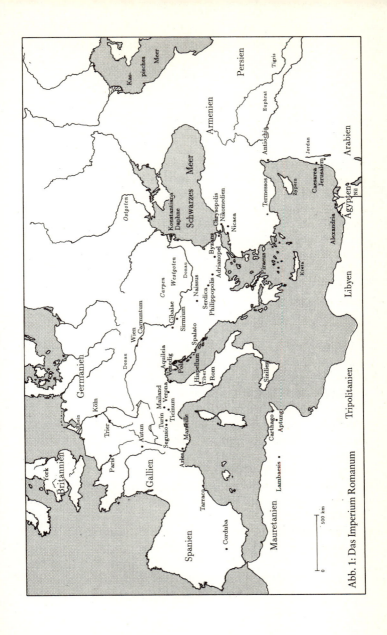

Abb. 1: Das Imperium Romanum

2. Diokletian und die Tetrarchie (284–305): Ein Neuanfang

Als Diokletian, der aus Dalmatien stammende Chef der kaiserlichen Leibgarde, am 20. 11. 284 zum Kaiser ausgerufen wurde, schien die lange Geschichte von Usurpationen und Kaiserwechseln des 3. Jahrhunderts nur um ein weiteres, unbedeutendes Kapitel verlängert zu werden. Tatsächlich sollte es jedoch ganz anders kommen, was selbst der christliche Historiker Orosius (2. Hälfte 4. Jahrhundert–ca. 418), der dem Christenverfolger Diokletian wahrlich nicht wohlgesonnen war, am Anfang des 5. Jahrhunderts anerkennt, als er in seiner kurzgefaßten Weltgeschichte die heidnischen Elogien auf diesen Kaiser referiert (7,26,5f.): „Es trat ein dem Menschengeschlecht bislang unbekannter Zustand ein: eine auf gegenseitiger Duldung basierende Gemeinschaft vieler Herrscher, geprägt durch große Eintracht und gemeinschaftliche Machtausübung, die, anders als sonst, an dem Gemeinwohl orientiert war."

In der Tat hat Diokletian nach zunächst konventionellen ersten Maßnahmen, zu denen vor allem die Ermordung des Prätorianerpräfekten Aper gehörte, bald ein originelles Herrschaftssystem entwickelt und realisiert, welches erst vor dem Hintergrund der Reichskrise des 3. Jahrhunderts recht verständlich wird. Denn schon im Dezember 285 erhob der neue Kaiser, der keinen Sohn besaß, den fast gleichaltrigen Offizier Maximian zum Caesar und beförderte diesen nach erfolgreichem Feldzug gegen die gallischen Bagauden im Frühjahr 286 zum Augustus. 293 sorgte Diokletian für die Erweiterung dieser Zweierherrschaft (Dyarchie) zu einer Viererherrschaft (Tetrarchie), indem beiden Augusti jeweils ein Juniorpartner zugeordnet wurde: Maximian der Caesar Constantius (I.) Chlorus, Diokletian selbst der Caesar Galerius. Von dem durchaus traditionellen Modell einer Mehrkaiserherrschaft unterscheidet sich diese diokletianische Tetrarchie gleich in mehrfacher Hinsicht. Durch den Ausschluß leiblicher Söhne – so fand etwa Maximians erwachsener Sohn Maxentius keine Berücksichtigung – sollte für ein einzig an Leistung und Loyalität ausgerichtetes Kaisertum Sorge getragen werden; die Tetrarchen stilisierten sich als *Iovii* und *Herculii* zu direkten Abkömmlingen von Iupiter und Hercules und suchten durch diese exklusive theokratische Ideologie allen potentiellen Usurpatoren von vornherein jegliche Legitimation zu verweigern; schließlich sollte die auf Münzen, Inschriften und Kunstwerken propagierte Eintracht (*concordia*) zwischen den Kaisern zusätzlich durch Adoptions- und Heiratsverbindungen gestärkt werden: Die Caesares wurden von den Augusti adoptiert und ehelichten zudem deren Töchter. Wie planmäßig Diokletian als Urheber dieser innovativen Konzeption vorging, lehrt schließlich deren revolutionärstes Moment: die freiwillige Abdankung der Augusti im Jahre 305. Durch gezielte Manipulationen bei der offiziellen Zählung der Herrschaftsjahre, welche auf eine Angleichung der Regierungszeiten beider Augusti hinausliefen, schufen die Tetrarchen eine fiktive, dezimale Symmetrie zwischen Augusti und Caesares und ermöglichten einen erkennbar langfristig avisierten, regelmäßigen Wechsel der Herrscherpositionen. Jeweils zwei Caesares sollten nämlich zehn Jahre lang ihre Qualitäten unter Beweis stellen, um dann den Abdankenden als Augusti nachzurücken und ihrerseits zwei neue Caesares zu ernennen, für die dann entsprechende Perspektiven bestanden. Nur die erste Bewährungsprobe hat dieses idealiter überzeugend anmutende Rotationsmodell bestanden. Als am 1. Mai 305 die Augusti Diokletian und Maximian nach vermeintlich zwanzigjährigem gemeinsamem Regieren abtraten, folgten ihnen die bisherigen Caesares Constantius (I.) sowie Galerius nach und ernannten gleichzeitig zwei neue Caesares, die ebenfalls vom Balkan stammenden Soldaten Severus und Maximinus Daia.

Schon die lange Lebensdauer dieser ersten Tetrarchie erscheint vor dem Hintergrund der notorisch labilen Kaiserherrschaft des 3. Jahrhunderts als eine Besonderheit und vermittelte bereits den Autoren des 4. Jahrhunderts den Eindruck, daß das Jahr 284 tatsächlich eine Zäsur darstellte. Um so mehr gilt dies nun auch mit Blick auf die übrigen Reformanstrengungen Diokletians und seiner Kollegen, denn in der Summe vermitteln sie die unabweisbare Erkenntnis, daß hier eine Gruppe tatkräftiger Politiker und Militärs wild entschlossen war, dem römischen Staat neue Stabilität und Lebenskraft zu verleihen.

Grundlegende Neuerungen betrafen die innere Reichsorganisation, die von dem christlichen Zeitgenossen Laktanz (ca. 250–ca. 325) in seiner antiheidnischen Schrift „Über die Todesarten der Christenverfolger" (*De mortibus persecutorum*) polemisch verzeichnet werden (7,1-4): „Diokletian, ... ein Erfinder von Verbrechen und Urheber von Mißständen, ... kreierte drei Teilhaber seiner Herrschaft, teilte den Erdkreis in vier Teile, und so wurden die Heere vermehrt, weil jeder einzelne von ihnen sich bemühte, über eine weit größere Zahl an Soldaten zu verfügen, als frühere Kaiser sie besessen hatten, da diese noch allein über den Staat herrschten ... Und um alles mit Schrecken zu erfüllen, wurden auch die Provinzen in Stücke zerschnitten: Viele Statthalter und zahlreiche Amtsträger lasteten auf den einzelnen Regionen und beinahe schon auf den einzelnen Gemeinden, und ebenfalls viele Finanzbeamte, Verwaltungsleute und Stellvertreter von Präfekten." Geschickt verknüpft Laktanz hier sachlich Zutreffendes mit tendenziöser Wertung. So kann von einer faktischen Reichsteilung zwischen den einzelnen Tetrarchen keine Rede sein; vielmehr sorgte Diokletian für eine informelle Zuordnung von keineswegs strikt als territoriale Einheiten mißzuverstehenden Kompetenzbereichen an sich und seine Kollegen, um die Effizienz der Regierungspraxis zu verbessern. Diokletian selbst konzentrierte sich auf den Osten, Maximian agierte vornehmlich in Africa, Italien, Spanien sowie im westlichen Donaugebiet, Constantius (I.) hatte sich primär um Gallien und Britannien zu kümmern und Galerius um Griechenland sowie um den mittleren Donauraum. Eine Vervierfachung des Heeresbestandes, wie Laktanz es suggeriert, mit entsprechend höheren Steuerbelastungen für die Reichsbevölkerung war damit gewiß nicht verbunden. Durch die Verkleinerung schon bestehender Einheiten sowie die Schaffung neuer kleinerer Detachements mag sich immerhin eine leicht erhöhte Gesamtzahl von nunmehr 400 000 bis 500 000 Soldaten ergeben haben, was freilich bei einer Gesamtbevölkerung von ca. 50 Millionen durchaus noch im Rahmen des fiskalisch Erträglichen lag. Entsprechendes dürfte für die Neuordnung der Provinzverwaltung gelten. Zwar führte die Teilung der von Diokletian vorgefundenen ca. fünfzig Provinzen tatsächlich zu einer Verdoppelung der Provinzzahl, und auch die (vielleicht ebenfalls bereits von Diokletian vorgenommene) Etablierung zweier übergeordneter neuer Instanzen – der zwölf Diözesen (unter der Leitung von Vikaren) und der drei beziehungsweise vier Prätorianerpräfekturen – dürfte das Stellenvolumen erhöht haben, gleichwohl berechtigt dies nicht zu der auch heute noch gelegentlich vertretenen Annahme, eine überbordende Bürokratie sei maßgeblich an der Ausbildung eines spätantiken Ausbeutungs- und Zwangsstaates beteiligt gewesen. Es ist eine zeitlose Einsicht, daß größere Reformanstrengungen und Strukturveränderungen stets das Mißtrauen der Betroffenen hervorrufen, die beispielsweise schon geringe Steuererhöhungen als Indiz staatlicher Willkür und Bereicherungspraxis perhorreszieren, und so haben auch die entsprechenden Bemühungen der Tetrarchen nur ein überaus einseitiges Echo in den Quellen gefunden. Denn fraglos hat der Reichsbevölkerung die im Zuge der Reformpolitik erfolgte Trennung zwischen militärischer und ziviler Verwaltung durchaus auch Vorteile eingebracht, und zumindest im Ansatz barg auch das neue System einer Koppelung von Grund- und Kopfsteuer das Potential größerer Steuergerechtigkeit in sich. In regelmäßigen Abständen – zunächst alle fünf, später alle fünfzehn Jahre – sollte nämlich eine Neuveranlagung der nach Arbeitskräften (*capitatio*) und Grundbesitz (*iugatio*) differenzierten Steuerpflicht stattfinden, um in der Zwischenzeit erfolgten Veränderungen in den Besitzverhältnissen Rechnung tragen zu können. Doch auch diese Neuerung wird von Laktanz (*De mortibus persecutorum* 23) in Bausch und Bogen verworfen und als Repression, ja gar als staatlich verordnete Folterung gebrandmarkt.

Zweifellos zielte das System der *capitatio-iugatio* in erster Linie auf die Sicherstellung eines staatlichen Budgets, doch verhinderte dies keineswegs, daß nicht auch die Reichsbewohner von derartigen Neuerungen (in diesem Fall: von einem adäquaten Bemessungsverfahren) profitieren konnten. Dies bestätigt schließlich noch ein Blick auf die Wirtschafts- und Finanzpolitik der Tetrarchen.

Im Laufe des 3. Jahrhunderts hatten drastische Reduktionen des Metallgehaltes, verbunden mit einer gewaltigen Aufblähung des Geldvolumens, zu erheblichen Vertrauensverlusten in die Währung, folglich zu Preissteigerungen und der Zunahme naturalwirtschaftlicher Tauschverfahren geführt. Diokletian etablierte nun ein weitgehend erneuertes Münzsystem, welches vor allem auf einer stabileren Gold- und Silberwährung beruhte und überdies eine neue Kleinmünze – den kupfernen Follis – für die alltäglichen Handelsgeschäfte miteinschloß. Parallel zu diesen Maßnahmen suchten die Tetrarchen freilich auch genuin fiskalische Interessen zu berücksichtigen, indem sie die neuen Silbermünzen nach nur wenigen Jahren per Erlaß aufwerteten und zugleich durch die Festschreibung von Höchstpreisen für alle Waren und Dienstleistungen zu verhindern suchten, daß Händler und Produzenten mit entsprechenden Preiserhöhungen reagierten. Im Ergebnis hätten diese Maßnahmen zu erheblichen Einkommenseinbußen breiter Schichten geführt, während der Fiskus besonders profitiert hätte, da seine Silberbestände, aus denen die Besoldung von Soldaten und staatlichen Beamten vorrangig getätigt wurde, gestreckt worden wären. Diese Politik hat sich denn auch letztlich nicht durchsetzen können, dennoch legt vor allem das reichsweit publizierte Höchstpreisedikt des Jahres 301 – eines der zentralen wirtschaftsgeschichtlichen Dokumente des gesamten Altertums – von dem reformerischen Eifer und der ideellen Selbsteinschätzung der Tetrarchen beredtes Zeugnis ab. Laut der Vorrede zu den langen Listen von Maximalpreisen nehmen die Kaiser nämlich für sich in Anspruch, nach den Wirren der Vergangenheit nun ewiges Gedeihen „durch die notwendigen Bollwerke der Gerechtigkeit" zu gewährleisten und „nicht nur für einzelne Gemeinden, Völker und Provinzen, sondern sogar für die ganze Welt Vorsorge" zu treffen (*Inscriptiones Latinae Selectae* 642).

Angesichts der jahrzehntelangen Stabilität der tetrarchischen Herrschaft und der weitgehenden Befriedung des vorher durch permanente Bürgerkriege, Usurpationen und Einfälle fremder Völkerschaften geschwächten Reiches läßt sich diese unbescheidene Selbstbelobigung der Kaiser im Jahr 301 durchaus verstehen. In Gallien waren die Unruhen bereits 286 niedergeschlagen worden, nach mehr als zehnjährigen Anstrengungen hatte Constantius (I.) 296 das abgefallene Britannien zurückgewonnen, die Donaufront war gegen Sarmaten, Goten und Markomannen erfolgreich verteidigt worden, und überdies hatten Maximian und Diokletian gefährliche Usurpatoren in Africa und Ägypten besiegt. Schließlich war es Galerius sogar gelungen, die römische Position in den schon traditionellen Auseinandersetzungen mit den Persern eindrucksvoll zu behaupten und den persischen König Narses im Jahr 298 zur Anerkennung des römischen Einflusses in Armenien zu zwingen. Lag es angesichts dieser Situation für Diokletian und seine Mitherrscher nicht nahe, sich als göttlich Erwählte und Begünstigte, ja mit göttlichen Gaben versehene Übermenschen zu verstehen und entsprechende Ehrenbezeugungen von den Zeitgenossen einzufordern? Diokletian jedenfalls ging nun dazu über, von allen, die sich ihm näherten, den Kniefall und den Kuß seines purpurgesäumten Mantels zu verlangen; laut dem spätantiken Historiker Ammianus Marcellinus (ca. 330 bis bald nach 395) hat er „als erster Kaiser diese Form der Verehrung (*adoratio*) nach ausländischer königlicher Sitte eingeführt" (15,5,15), was zu der in der Einleitung skizzierten Scheidung des Dominats vom früheren Prinzipat entscheidend beigetragen hat. Tatsächlich aber hat Diokletian hier nur neue Akzente gesetzt und in dieser Hinsicht bereits viele Vorgänger gehabt, denn schon frühere Kaiser haben bisweilen ähnliche Ehrenbezeugungen verlangt und sich überdies als *dominus et deus* (Herr und Gott) anreden lassen.

In dieser Selbstüberhebung Diokletians, mehr noch aber in der ideologischen Bindung seiner Herrschaft an die alten römischen Götter liegt die Wurzel der großen Christenverfolgungen, die maßgeblich das negative Image des Kaisers und seiner Mitherrscher in der spätantiken und byzantinischen, mehrheitlich christlich gefärbten Geschichtsschreibung beeinflußt haben. Denn natürlich lehnten die Christen ein derartiges Verhalten als Ausdruck von Hybris ab, und geradezu gefährlich mußte Diokletian der Widerstand der vor allem im griechischen Osten numerisch starken Christen gegen die offiziell geförderten Kulte erscheinen. Schließlich hatte er in einem um 297 oder 302 gegen die Sekte der Manichäer erlassenen Edikt unmißverständlich bekundet, „die Hartnäckigkeit verworfener Gesinnungen" bestrafen zu wollen, da diese alles ablehnten, was die Götter den Römern an Segnungen erwiesen hätten. Bereits die Zeitgenossen haben sich gefragt, warum Diokletian erst jetzt, nach nahezu zwanzig Jahren, zu Beginn des Jahres 303 den Entschluß zu einer massiven Christenverfolgung gefaßt hat. Bis heute fallen die Antworten unterschiedlich aus; so vertreten manche Gelehrte im Anschluß an Laktanz die These, Galerius sei der eigentliche Initiator der Verfolgungen gewesen und habe erst nach langwierigen Bemühungen vermocht, Diokletian von der Notwendigkeit eines gewaltsamen Vorgehens gegen die Christen zu überzeugen. Andere verweisen auf die stets vorsichtige Zurückhaltung des Kaisers, der in seiner gesamten Politik unkalkulierbare Risiken gescheut habe. Am plausibelsten freilich wird man den Beginn der Verfolgung wohl mit dem Hinweis auf die nahende Abdankung der Augusti begründen können. Denn in das Jahr 303 fällt die (durch die oben erwähnten Manipulationen möglich gewordene) gemeinsame Feier des zwanzigjährigen Regierungsjubiläums von Maximian und Diokletian, der zu dieser Gelegenheit wahrscheinlich zum ersten und zugleich einzigen Mal in Rom geweilt hat, und hier wurden die Rücktrittsabsichten feierlich besiegelt und die Zukunftspläne erörtert. Beiden Kaisern dürfte klar gewesen sein, daß das neue System der Tetrarchie beim erstmaligen Übergang von den alten zu den neuen Augusti seine eigentliche Bewährungsprobe erleben und ein Gelingen des Unternehmens nicht zuletzt von der fortdauernden Legitimation der *Iovii* und *Herculii* abhängen würde. Aus derlei Erwägungen werden sich die Herrscher entschlossen haben, an dem symbolträchtigen Festtag der heiligen Grenzsteine (*Terminalia*), am 23. Februar 303, die Jagd auf die Christen zu eröffnen, um dieser für staatsgefährdend erklärten Religion eine endgültige Grenze zu setzen.

Abb. 2: Dezennalienbasis in Rom:
Ein Tetrarch, der von einer Victoria bekränzt wird, beim Opfer.
Die Säulenbasis gehört zu dem fünfsäuligen Denkmal, das auf dem Forum Romanum in Rom errichtet und 303 feierlich eingeweiht worden ist. Die größte, mittlere Säule trug Jupiter, auf den anderen vier Säulen befanden sich die Genien der Tetrarchen. Das Monument ist Ausdruck der sakralen Herrschaftsideologie der Tetrarchie, und dies gilt auch für das hier abgebildete Basisrelief, welches die *pietas* eines Tetrarchen und seine Nähe zu den alten Göttern unterstreicht.

Der römische Staat bot nun sein gesamtes Repressionsarsenal auf: Opfer- und Kultausübungsverbote, Kirchenzerstörung und Bücherverbrennung, Inhaftierung und Folterung christlicher Kleriker bis hin zur Vollstreckung der Todesstrafe. Nur durch die explizite Abkehr vom Christenglauben und durch den Vollzug des Kaiserkultes konnten die Beschuldigten sich der Verfolgungsmaschinerie entziehen. In allen Reichsteilen hat das Verfolgungsedikt Gültigkeit erlangt, freilich ist es in unterschiedlicher Weise von den Tetrarchen umgesetzt worden. Während etwa im von Constantius (I.) kontrollierten Nordwesten des Reiches kaum mehr als die Schließung christlicher Kirchen nachzuweisen ist, haben in Africa und Ägypten zahlreiche Christen den Märtyrertod erlitten; besonders viele Opfer dürfte die Verfolgung im Osten gefordert haben. De iure ist diese Hatz auf die Christen erst im Jahr 311 durch das Toleranzedikt des Galerius eingestellt worden, faktisch hat man vor allem im Westen längst vorher von der weiteren Praktizierung der Verfolgungsmaßnahmen vom Jahr 303 abgesehen. Galerius räumt in seinem von Laktanz (*De mortibus persecutorum* 34) überlieferten Entschluß zur Beendigung der Verfolgung ein, daß deren Ziel nicht erreicht worden ist, „weil die meisten (Christen) in ihrem Vorhaben starr" geblieben seien.

Das umfassende tetrarchische Reformprogramm ist freilich nicht wegen dieser letztlich erfolglosen Religionspolitik gescheitert, sondern an der Unmöglichkeit, das ohne Zweifel ingeniöse Modell einer künstlich geschaffenen, durch theokratische Verbindungen zusammengehaltenen Herrscherfamilie gegen die traditionellen dynastischen Strukturen und Vorstellungen durchzusetzen. Denn auf Dauer erwies es sich als Illusion, leibliche Söhne der Tetrarchen völlig von der Herrschaftsteilhabe ausschließen zu wollen, und keinen geringen Anteil an dieser Entwicklung hatten die Soldaten, die in besonderem Maße dynastisch orientiert und stets geneigt waren, einen Sohn verstorbener Kaiser als Nachfolger auf den Schild zu heben – vor allem dann, wenn dieser dafür reiche Geldgeschenke in Aussicht stellte. In der Schilderung des Überganges von der ersten auf die zweite Tetrarchie am 1. Mai 305 im bithynischen Nicomedia, dem bevorzugten Residenzort Diokletians, wird diese Haltung der Soldaten unmittelbar deutlich (Laktanz, *De mortibus persecutorum* 19): Nach der Abdankung der Augusti „fand ein feierlicher Aufzug statt. Alles blickte auf Konstantin. Man hegte keinerlei Zweifel. Die anwesenden Soldaten und die angesehensten des Heeres, die man aus den Legionen eigens ausgewählt und beigezogen hatte, schauten in freudiger Erwartung auf Konstantin allein ... Die Soldaten werden zur Versammlung gerufen. Mit Tränen beginnt der Greis (Diokletian) seine Ansprache an die Soldaten: Seine Kräfte seien erschöpft, er suche Ruhe nach der Arbeit; ... höchste Erwartung aller, was er vorbringen werde. Da verkündet er mit einem Mal Severus und Maximinus als Caesares. Die Überraschung war allgemein. Oben auf der Tribüne stand Konstantin. Man war unschlüssig, ob nicht der Name Konstantins geändert worden sei. Da griff Galerius vor aller Augen mit der Hand nach rückwärts und zog unter Zurückdrängung Konstantins den Daia hervor." Konstantin, der Sohn des Constantius (I.), wurde – was in den Augen Diokletians nur systemgerecht war – übergangen, und die zweite Tetrarchie mit den neuen Augusti Galerius und Constantius (I.) sowie den neuen Caesares Severus und Maximinus Daia (zwei ebenfalls aus dem Balkanraum stammenden Soldaten) entstand. Doch künftige Konflikte waren vorprogrammiert, denn Konstantin war nicht gewillt, diese Zurücksetzung widerspruchslos hinzunehmen.

3. Konstantin der Große (306–337): Durchbruch und Aufbruch

Als Konstantin an den geschilderten Ereignissen in Nicomedia teilnahm, dürfte er um die dreißig Jahre alt gewesen sein. Auch er stammte, wie diverse Tetrarchen, vom Balkan, und zwar aus dem illyrischen Raum; er war in Naissus (Niš) geboren worden. Seine später von ihm in der Öffentlichkeit prominent herausgestellte und geehrte Mutter Helena war nach übereinstimmender Auskunft der Quellen von niedriger sozialer Herkunft und mit seinem Vater Constantius (I.) niemals rechtsgültig verheiratet gewesen, so daß Konstantin mit dem Stigma der Illegitimität behaftet war. Sein Vater trennte sich wahrscheinlich erst nach langjährigem Konkubinat von Helena, um im Dienste seines politischen Avancements Theodora, die (Stief-?)Tochter Maximians, zu heiraten. Gesichert ist ferner Konstantins rein militärische Laufbahn, die ihn bis in die höheren Offiziersetagen geführt hatte, alles weitere über seine frühen Jahre bleibt weitgehend ungesichert. Denn es gibt zwar eine reiche literarische Überlieferung zu Konstantin und seiner Zeit, die jedoch durch tendenziöse Absichten der prochristlichen beziehungsweise heidnischen, also antikonstantinischen Autoren in ihrem Aussagewert vor allem auch für die Frühzeit Konstantins stark eingeschränkt wird. In erster Linie handelt es sich hier um den schon mehrfach zitierten christlichen Rhetor Laktanz sowie um den Bischof und Kirchenhistoriker Eusebius von Caesarea (ca. 260–340), dessen bald nach Konstantins Tod (Mai 337) entstandene Biographie des ersten christlichen Kaisers maßgeblich dessen Bild in einem heilsgeschichtlich geprägten Vorstellungshorizont bestimmt hat. In diesem für die weitere Gattungsentwicklung bahnbrechenden, christlichen Fürstenspiegel entwirft Eusebius das Ideal eines glaubensgeleiteten Herrschers, der sich primär als Vorkämpfer gegen alles Heidnische versteht. Die auch heute noch heftig diskutierte Frage, seit wann Konstantin persönlich und politisch die christliche Religion dezidiert gefördert oder gar bevorzugt habe, läßt sich allein mit Hilfe derartiger Quellen natürlich nicht definitiv klären, und man ist daher gut beraten, entsprechende Untersuchungen auf Münzen, Inschriften und weitere offizielle Verlautbarungen, insbesondere also auf zeitgenössische Dokumente auszudehnen.

Derartige Zeugnisse stehen nun für Konstantin seit dem Jahr 306 zur Verfügung, denn am 25. Juli dieses Jahres riefen ihn die Truppen in Eboracum (York) zum Augustus und damit zum Nachfolger seines am selben Tag gestorbenen Vaters Constantius (I.) aus. Die dynastische Tradition und die herkömmliche Rolle des Heeres, das den Kaiser ‚zu machen' pflegte, stürzten das tetrarchische System in eine ernste Krise, aus der nur dank der Zurückhaltung des eine militärische Auseinandersetzung scheuenden Galerius ein Ausweg gelang. Galerius nämlich erkannte Konstantin zwar nicht als Augustus, immerhin jedoch als Caesar des Westens an, indem er den erst 305 zum Caesariat gelangten Severus nun gleich zum Augustus weiterbeförderte und die vakante Stelle mit Konstantin besetzte. Doch auch diese dritte Tetrarchie geriet sofort wieder ins Schlingern, da bereits am 28. Oktober 306 der Sohn Maximians, Maxentius, in Rom mit Unterstützung der dort stationierten Prätorianer und Stadtkohorten den Kaiserpurpur annahm. Dieses Mal entschlossen sich die amtierenden Tetrarchen zu einem gewaltsamen Vorgehen gegen den ungebetenen Kollegen, dabei scheiterte Severus jedoch und fand den Tod. Angesichts dieser Wirren entsann sich auch der emeritierte Augustus Maximian seiner Neigungen zur aktiven Politik und verband sich mit Konstantin, den er mit seiner Tochter Fausta verheiratete und seinerseits eigenmächtig zum Augustus erhob (Ende 307). Damit war das tetrarchische Modell eigentlich vollends obsolet geworden (zumal mit Maximian nun sogar einer seiner Gründungsväter diametral gegen dessen ungeschriebene Regeln verstieß), freilich entschloß sich Diokletian nun noch einmal zum aktiven Eingreifen in die Politik. Im Jahre 308 veranstaltete er mit Galerius in Carnuntum (Deutsch-Altenburg bei Wien) eine Konferenz, an deren Ende die vierte (und letzte) Tetrarchie stand. Wieder einmal kooptierten sich die amtierenden Herrscher mit Licinius einen illyrischen Offizier als neues Mitglied, der freilich sofort zum zweiten Augustus neben Galerius avancierte; die Caesares Konstantin und Maximinus Daia behielten ihre Posten, während sich Maximian erneut ins Privatleben zurückziehen mußte.

Auf den Inschriften und von ihm geprägten Münzen dieser ersten Jahre akzeptiert Konstantin zumindest nach außen die Rangtitel und auch die ideologischen Grundlagen der Tetrarchie. So läßt er etwa in Trier ein Goldmedaillon ausgeben, auf dessen Rückseite zu lesen ist: *Herculi conservat(ori) Augg(ustorum) et Caess(arum) nn(ostrorum)* – „für Hercules, den Bewahrer unserer Augusti und Caesares." Glaubwürdige Indizien für eine von christlichen Autoren wie Laktanz postulierte ‚konstantinische Wende' zum Christentum finden sich in seiner Politik und den offiziellen Verlautbarungen vor dem Jahre 312 nicht, und über seine innere, persönliche Glaubenshaltung kann ohnehin bestenfalls spekuliert werden. Offensichtlich hat Konstantin zunächst gezielt Anschluß an die tetrarchische Herrschaft und gezwungenermaßen auch an ihre ideologischen Grundlagen gesucht und ebenso bewußt in den Jahren nach 308, in denen er bereits erkennbar die Alleinherrschaft avisierte, vorsichtig eigene Akzente gesetzt, die jedoch keineswegs einen direkten Weg zum Christentum markieren. Das tetrarchische *Iovius-Herculius*-Konzept büßte freilich spätestens im Jahre 310 für Konstantin jegliche Verbindlichkeit und Attraktivität ein, da das diokletianische Herrschaftssystem nun endgültig scheiterte. Denn inzwischen hatten die Caesares Konstantin und Maximinus Daia ebenfalls den erstrebten Augustus-Titel erhalten, so daß es nun vier legitime Augusti gab, ferner die Usurpatoren Maxentius (in Rom) und Domitius Alexander (in Africa), und schließlich unternahm auch der alte Maximian noch einmal einen letzten Comeback-Versuch, indem er sich in Arles, einem der Residenzorte Konstantins, von den dortigen Truppen wieder zum Augustus proklamieren ließ. Konstantin zwang daraufhin seinen Schwiegervater mit militärischem Druck in den Selbstmord und mußte nun selbstverständlich daran interessiert sein, alle Verbindungen, auch diejenigen ideeller Natur, zu den Tetrarchen zu kappen. Daher gehören wahrscheinlich noch ins Jahr 310 zwei wichtige Neuerungen der offiziösen Selbstdarstellung Konstantins: Zum einen ließ er die Idee verbreiten, er stamme von dem (ephemeren) Kaiser Claudius (II.) Gothicus (268–270) ab (womit er sich eine neue, individuelle dynastische Legitimation zu verschaffen suchte), zum anderen propagierte er seine besondere persönliche Nähe zum Sonnengott Sol Invictus beziehungsweise zu dem ebenfalls als Sonnengott verehrten Apollo. Durch einen Festredner ließ Konstantin im Jahr 310 diesen Gedanken in einem Bericht verbreiten, der als ‚heidnische Vision Konstantins' in die Forschungsgeschichte eingegangen ist (*Panegyrici Latini* 6 [7], 21,3–7): „Du sahst nämlich, Konstantin, wie ich glaube, deinen Apollo, wie er dir, begleitet von Victoria, Lorbeerkränze überreichte, deren jeder dir Verheißung bringt für dreißig (Regierungs-)Jahre ... Was sage ich überhaupt ‚ich glaube'? Du hast ihn gesehen und dich wiedererkannt in der Gestalt dessen, dem die Herrschaft über die ganze Welt gebührt ..." Was sich hier auf der Ebene der ‚Öffentlichkeitsarbeit' andeutet, nämlich der Versuch Konstantins, eigenes Profil und eine eigene Position zu gewinnen, wurde auf dem profanen Gebiet in der Folgezeit konsequent umgesetzt. Galerius, der letzte amtierende Kaiser aus der ersten Generation der Tetrarchie, starb im Frühjahr 311, nachdem er durch sein berühmtes Edikt vom April 311 das offizielle Scheitern der Christenverfolgung eingestanden und die christliche Religion zur *religio licita*, also zu einem gleichberechtigten und anerkannten Kult erklärt hatte. Nach dem Tod des Galerius blieben noch drei Augusti sowie Maxentius übrig (der afrikanische Usurpator Domitius Alexander war bereits 309 oder 310 besiegt worden), und im Westen lief alles auf eine Auseinandersetzung zwischen Konstantin und Maxentius hinaus, die schließlich in der berühmten Schlacht an der Milvischen Brücke in Rom gipfelte (28. Oktober 312), aus der Konstantin als strahlender Sieger hervorging. Im Osten setzte sich Licinius gegen Maximinus Daia durch (April 313), so daß nunmehr zwei Augusti amtierten, deren Verhältnis freilich von herzlicher gegenseitiger Abneigung gekennzeichnet war.

Die Geschehnisse vom 28. Oktober 312 und in der unmittelbaren Folgezeit bedeuten nicht nur den entscheidenden Durchbruch Konstantins auf dem Weg zur angestrebten monarchischen Herrschaft, sie gelten vor allem unter dem vieldiskutierten Schlagwort von der ‚konstantinischen Wende' als Markstein für den Weg des monotheistischen Christentums zur Staatsreligion des römischen Reiches. In verschiedenen Berichten überliefern Laktanz und Eusebius nämlich eine Vision, die Konstantin vor der Schlacht gegen Maxentius zuteil geworden sein und ihn dazu bewogen haben soll, die Schilde der Soldaten mit einem kreuzartigen Symbol versehen zu lassen. Konstantin sei folglich unter Berufung auf den Christengott in die entscheidende Auseinandersetzung gezogen und habe diesem seinen Triumph verdankt. Die Einzelheiten der Visionsberichte und die Konsequenzen für Konstantins persönliche Haltung sowie für seine religionspolitischen Überzeugungen sind in den hier nicht in aller Ausführlichkeit darstellbaren Details hochumstritten, zwei Beobachtungen lassen sich freilich mit relativer Sicherheit formulieren. Erstens läßt sich seit dem Sieg über Maxentius eine unverkennbare Nähe Konstantins zum Christentum und zur christlichen Kirche feststellen. Dies geht etwa aus der Korrespondenz hervor, die der Kaiser im Rahmen des sogenannten Donatistenstreites führte, der in Nordafrika zwischen rigoristischen Christen und den während der diokletianischen Verfolgung nicht standhaft und resistent gebliebenen Glaubensbrüdern tobte und seit 313 mehrere Konzilien beschäftigte. Zweitens distanzierte sich Konstantin dennoch keineswegs vollständig von den traditionellen Kulten und Göttern. Denn er blieb *pontifex maximus* und als solcher für die Pflege aller sakralen Angelegenheiten zuständig, ferner propagierte er weiterhin seine besondere Nähe zu dem Sonnengott Sol Invictus (zum Beispiel auf Goldmedaillons des Jahres 313) und ging auch in seiner gesetzgeberischen Tätigkeit über eine vorsichtige Förderung der christlichen Kirche und ihrer Kleriker nicht hinaus. Im übrigen scheint es fraglich, ob sich für Konstantin eine rigorose Alternative zwischen Heidentum und Christentum, wie sie die moderne Forschung in der Regel explizit oder implizit annimmt, überhaupt gestellt hat. So war der Weg vom Sonnengott zu dem lichtspendenden christlichen Gott nicht weit, und möglicherweise hat sich Konstantin vor der entscheidenden Auseinandersetzung mit Maxentius nur seiner erwähnten apollinischen Vision (von 310) entsonnen, die dann von den christlichen Autoren und von Konstantin selbst in der Folgezeit im christlichen Sinne akzentuiert und uminterpretiert worden ist. Auch die schon früh gebräuchlichen kreuzförmigen Feldzeichen und mehrstrahligen Sterne als Symbole und Attribute des Sol könnten von denselben tendenziösen Autoren durchaus in durchsichtiger Absicht im Sinne des Christogramms gedeutet oder auch mißverstanden worden sein. Jedenfalls ist die später von Konstantin eingeführte, eindeutig christliche Standarte mit Christogramm, Lanzenschaft und Fahnentuch, das sogenannte Labarum, erst in den frühen zwanziger Jahren in Gebrauch gekommen, in bildlicher Form begegnet es erstmals auf Münzen des Jahres 327/28.

Am ehesten wird man die konstantinische Religionspolitik nach 312 daher als ambivalent bezeichnen müssen. Die unverkennbare Aufwertung und Begünstigung des Christentums wird begleitet von einer wohldosierten Berücksichtigung der überkommenen Kulte, nicht zuletzt in der Absicht, die weiterhin mehrheitlich heidnischen politisch-sozialen Eliten und Soldaten nicht zu brüskieren. Symbolhaft steht für eine derartige Haltung Konstantins der 315 in Rom zu seinen Ehren errichtete, in den Details gewiß mit ihm abgestimmte Bogen, dessen Hauptinschrift seinen Sieg über Maxentius mit der Eingebung durch eine nicht näher spezifizierte Gottheit (*instinctu divinitatis*) motiviert. Diese Formel blieb in ihrer Unverbindlichkeit für alle Betrachter nahezu beliebig interpretierbar und konnte religionspolitisch somit geradezu integrativ wirken. Unterstützt wird dieses pluralistische Deutungsangebot durch das Bildprogramm des Monumentes, dessen Reliefs zahlreiche römische Gottheiten herkömmlicher Provenienz abbilden, darunter Sol, Diana und den Waldgott Silvanus.

Bei aller Bedeutung, welche der ‚konstantinischen Wende' vor allem in der Rückschau des Historikers, der um die langfristigen Folgen der konstantinischen Politik weiß, zukommt, darf nicht übersehen werden, daß diese Position des Kaisers natürlich auch im Kontext der zeitgenössischen machtpolitischen Auseinandersetzungen begriffen werden muß, und diese dürften gewiß das Hauptaugenmerk des Kaisers beansprucht haben. Denn die Konkurrenz zwischen Konstantin und Licinius erstreckte sich auf alle Politikfelder, und die im Februar 313 zwischen beiden Kaisern in Mailand getroffenen Vereinbarungen zugunsten des Christentums (fälschlicherweise oft als ‚Toleranzedikt von Mailand' bezeichnet) besaßen insofern eine hochpolitische Komponente, als nun der Initiator dieser Bestimmungen, Konstantin, den im griechischen Osten (also im Herrschaftsbereich des Licinius) besonders zahlreichen Christen geradezu als Schutzpatron erscheinen mußte. Die zunehmende Adaption christlicher Attribute durch Konstantin (zum Beispiel die Abbildung des Christusmonogramms an seinem Helm auf dem berühmten Silbermedaillon von Ticinum im Jahre 315) stellt daher (auch) eine demonstrative Distanzierung von dem *Iovius* Licinius dar. Obgleich letzterer durch die Heirat mit Konstantins Halbschwester Constantia diesem nun auch verwandtschaftlich verbunden war, eskalierten die beiderseitigen Spannungen zusehends, zumal Konstantin seine monarchischen Ansprüche immer deutlicher artikulierte. Sie entluden sich in einer ersten, wohl 316 geschlagenen Schlacht bei Cibalae (östlich des heutigen Ljubljana), aus welcher Konstantin genauso als Sieger hervorging wie aus einem anschließenden zweiten Zusammenstoß in der Nähe von Adrianopel (Edirne). Im Ergebnis dieser Niederlagen mußte Licinius nahezu sein gesamtes europäisches Territorium (bis auf Thrakien) räumen, während Konstantin geradezu ostentativ in dem neugewonnenen Gebiet blieb – vor allem in Serdica (Sofia) – und gezielt auf die endgültige Machtprobe hinarbeitete. Im Juli 324 war es dann soweit. Wiederum bei Adriano-

Abb. 3: Der Konstantinsbogen in Rom
Der Bogen, Triumphalmonument des eigentlich nur in einem Bürgerkrieg (gegen Maxentius) siegreichen Konstantin, wurde 315 eingeweiht. Er besteht zu großen Teilen aus Elementen älterer Denkmäler (des 2. Jahrhunderts), die Kaiserporträts wurden umgearbeitet.

pel soll es zu einem Massenaufgebot auf beiden Seiten gekommen sein; insgesamt verloren in der blutigen Schlacht angeblich 34 000 Soldaten ihr Leben, und der siegreiche Konstantin setzte sofort dem nach Byzanz entwichenen Licinius nach. Dort vernichtete der Sohn Konstantins, der Caesar Crispus, die Flotte des Licinius, dessen Schicksal somit besiegelt war. Nach einer letzten Niederlage bei Chrysopolis (heute zur Großstadt Istanbul gehörend) im September 324 wurde er als Privatmann ‚in Pension' geschickt und im folgenden Jahr auf Geheiß Konstantins ermordet.

Somit war im Herbst 324 die Monarchie alten Stils wiederhergestellt. Wie einst bei dem Begründer des Prinzipats, Augustus, war es für Konstantin ein langer, mit vielen Toten gepflasterter Weg zur alleinigen Kaiserherrschaft gewesen, und ebenso wie Augustus schreckte Konstantin nicht vor Mordtaten zurück, wenn sie ihm nützlich und geboten schienen. Dies zeigte sich in unerwarteter, schrecklicher Dramatik im Jahre 326, als Konstantin aus bis heute nicht eindeutig geklärten Gründen neben dem Sohn des Licinius nun auch seine eigene Ehefrau Fausta sowie seinen Sohn und Caesar Crispus umbringen ließ. Der heidnische Historiker Zosimus (Ende 5./Anfang 6. Jahrhundert) hat später Konstantins Hinwendung zum Christentum damit erklärt, daß nur diese Religion Übeltäter von derartigen Greueltaten reinzuwaschen vorgäbe. Natürlich ist dies nichts anderes als pagane Polemik, gleichwohl bleibt der Alleinherrscher und erste christliche Kaiser Konstantin mit dem Stigma des Familienmörders behaftet.

Diese letzte, im eigentlichen Wortsinne monarchische Phase des konstantinischen Kaisertums (324–337) ist insgesamt gekennzeichnet von außenpolitischen Erfolgen, einer aktiven, viele Ansätze der tetrarchischen Zeit aufnehmenden und fortentwickelnden Reformtätigkeit sowie einer Religionspolitik im Zeichen eines zunehmenden innerchristlichen Dissenses. Auf militärischem Sektor hatte Konstantin nicht nur in seinen stets siegreich beendeten Konflikten mit Rivalen und Kollegen, sondern auch gegen äußere Gegner seine entsprechenden Qualitäten unter Beweis gestellt. So hatte er sich in Germanenkriegen zwischen 306/7 und 313 erfolgreich gegen Franken und Brukterer behauptet und in diesem Zuge die Rheingrenze durch neue Anlagen (unter anderem die Rheinbrücke und das Kastell Köln-Deutz) stabilisiert. Auch die Donaufront wurde im Jahr 315 gegen Sarmaten und Goten gesichert, doch 322/23 mußten erneut militärische Expeditionen gegen diese Völkerschaften durchgeführt werden, die unter anderem in einem mit großer Wahrscheinlichkeit anzunehmenden Bündnisvertrag mit den Sarmaten einen Abschluß fanden. In den anschließenden Jahren blieb Konstantin die meiste Zeit über im Donauraum und sorgte auch dort für einen Ausbau der Grenzbefestigungen, womit er diesbezügliche Anstrengungen Diokletians fortsetzte. Die Goten blieben jedoch ein gefährlicher und stets angriffslustiger Gegner, und somit kam es 332 zu einem erneuten Gotenkrieg, der in ein unter den modernen Gelehrten heftig umstrittenes Abkommen mündete. Die von einigen vertretene These, Konstantin habe den Goten erstmals den Status reichsangehöriger Foederaten zugestanden, das heißt ihnen Siedlungsland auf römischem Reichsterritorium unter weitgehender Anerkennung ihrer inneren Autonomie konzediert, dürfte jedoch kaum das Richtige treffen; diesen Vertragstypus hat wohl erstmals Theodosius I. (Seite 59) realisiert. Möglicherweise hat sich Konstantin jedoch zu Zahlungen an die Goten bereitfinden müssen, um diese von weiteren antirömischen Attacken abzuhalten, doch läßt sich auch dieses nicht sicher belegen.

Die kaiserliche Kanzlei, in welcher die öffentliche Selbstdarstellung des Herrschers konzipiert und realisiert wurde, kümmerten derartige Feinheiten natürlich nicht. Ihr ging es darum, den Zeitgenossen so überzeugend wie variationsreich die Sieghaftigkeit und Größe Konstantins zu vermitteln. Folglich finden sich auf Inschriften und Münzen immer wieder Hinweise auf den Kaiser als größten Sieger über die Goten (*Gothicus maximus*) und alle möglichen anderen Völkerschaften, und als ein Siegesdenkmal besonderer Art ist auch eine der bis in unsere Tage folgenreichsten Maßnahmen Konstantins zu verstehen, die Gründung von Konstantinopel. Als er das schon damals berühmte Byzanz am 11. Mai 330 feierlich unter seinem Namen neu einweihte, da intendierte er keineswegs die Ablösung Roms durch ein ‚neues Rom', auch nicht die Gründung einer neuen Reichshauptstadt, sondern ihm ging es primär um die Demonstration und Verewigung der eigenen Größe. Religionspolitisch hervorzuheben sind die traditionellen, heidnischen Elemente der neuen Konstantinsstadt. Nach paganen Riten eingeweiht, erhielt sie zum Beispiel Tempel für die Stadt- und Schicksalsgöttin Tyche sowie die Dioskuren (die göttlichen Zwillinge Kastor und Polydeukes), die sich seit alters her als Roms Helfer in kriegerischen Konflikten ‚bewährt' hatten. Als Zentrum der neuen Stadtanlage ließ Konstantin ein eigenes Forum errichten, dessen Mittelpunkt die große Porphyrsäule mit der Darstellung des Kaisers

Abb. 4: Konstantin
Der in Naissus (heute: Niš) gefundene Bronzekopf aus der Zeit um 325 zeigt den Kaiser mit dem Perlendiadem als Ausdruck seiner monarchischen Herrschaft. Typisch für das spätantike (Kaiser-)Porträt sind die starren Gesichtszüge. Der in die Ferne (oder gen Himmel?) gerichtete Blick Konstantins wurde von seinem Biographen Eusebius als Ausdruck seiner Nähe zu Gott gedeutet – ob zu Recht, ist freilich umstritten.

als Sonnengott Sol bildete. Daneben drückten zweifellos auch eindeutig christliche Bauten der Stadt ihren Stempel auf; am berühmtesten ist die Apostelkirche, in der sich Konstantin später begraben und gleichsam als dreizehnter Apostel verehren ließ.

Eine herausragende Rolle hatte Konstantin seiner Neugründung darüber hinaus als Verwaltungsmetropole zugedacht und sie daher mit einem eigenen (freilich dem stadtrömischen deutlich nachgeordneten) Senat versehen. Diese kaum noch als republikanisch zu qualifizierende Reminiszenz an alte Zeiten wurde deutlich überlagert von den rein monarchischen Monumenten, insbesondere einer großen Palastanlage. Denn Konstantinopel sollte als bevorzugter Residenzort dienen, und der spätantik-byzantinische Hof, dessen Wurzeln in diokletianisch-konstantinischer Zeit zu suchen sind, hatte bereits in dieser Frühphase beachtliche Ausmaße erreicht. So gab es einen permanent den Kaiser umgebenden Hof- und Kronrat, zahlreiche Hof- und bei Hofe angesiedelte Reichsämter (zum Beispiel den Verwaltungschef, den *magister officiorum*, den obersten Kanzlisten, genannt *quaestor sacri palatii*, oder auch die beiden führenden Finanzbeamten, den *comes sacrarum largitionum* und den *comes rei privatae*), die jeweils mit großen Stäben an Hilfspersonal ausgestattet waren, ferner alle möglichen weiteren Mitglieder einer im Laufe der Jahrhunderte stetig gewachsenen Hofgesellschaft. Einige der genannten Ämter sind von Konstantin neu geschaffen oder profiliert worden und weisen ihn als energischen Fortsetzer der diokletianischen Reformpolitik aus. Letzteres gilt etwa für die konsequente Fortführung einer Trennung von Zivil- und Militärorganisation, die beispielsweise aus dem jahrhundertelang exponierten Amt des Prätorianerpräfekten, des ehemaligen Leiters der kaiserlichen Elitetruppen, eine reine Verwaltungsstellung machte. Den (vier bis fünf) *praefecti praetorio* oblag insbesondere die Erhebung der wichtigsten Steuer (*annona*) und die Versorgung der Armee. Als neue militärische Führungsposition kreierte Konstantin die Heermeister (*magistri militum*), die in der Folgezeit – vor allem im späten 4. und 5. Jahrhundert – zu den faktischen Machthabern im Reich avancierten. Auf dem währungs- und finanzpolitischen Gebiet tat sich Konstantin ebenfalls als energischer Reformer hervor. Er schuf, im Anschluß an Diokletian, mit dem *solidus* eine stabile Goldwährung und auf dieser Basis ein am Goldstandard orientiertes Münzsystem, welches die gesamte byzantinische Zeit über Bestand haben sollte, und er rationalisierte die Steuererhebung, deren regelmäßige Neuveranlagung (*indictio*) nun erst alle fünfzehn Jahre erfolgte; als Datierungsangabe hat dieser neue konstantinische Indiktionszyklus noch im Mittelalter Bedeutung besessen.

Naturgemäß ohne Vorbild und Vorläufer, statt dessen von um so größerer Nachwirkung ist Konstantins Rolle auf kirchenpolitischem Gebiet gewesen. Bereits erwähnt wurden seine Aktivitäten in dem von Nordafrika ausgehenden Donatistenstreit und seine Bedeutung als Initiator der von ihm einberufenen, zum Teil sogar geleiteten Bischofsversammlungen (Konzilien). Auch in die zweite große innerchristliche Kontroverse, die sich um den sogenannten Arianismus entspann, war Konstantin involviert, da es sein erklärtes Ziel war, Einheit und Eintracht innerhalb der Christenheit herzustellen beziehungsweise zu bewahren. Der Konflikt hatte sich an Auffassungen des alexandrinischen Presbyters Arius entzündet, der einen Wesensunterschied zwischen dem außer aller Zeit und Kausalität stehenden Gott und seinem Geschöpf, dem Logos und Sohn Jesus, postulierte. Die von Konstantin zunächst als theologische Spitzfindigkeit unterschätzte Diskussion zog immer größere Kreise, zumal die Bischöfe von Alexandria, Alexander und sein Nachfolger Athanasius, mit drakonischen Maßnahmen reagierten. Konstantin sah sich schließlich dazu veranlaßt, eine bischöfliche Reichsversammlung einzuberufen, die als das erste ökumenische Konzil (von Nicäa) in die Geschichte einging und neben zahlreichen organisatorischen Regelungen auch zu einer eindeutig antiarianischen, im Kern bis heute gültigen Formulierung des christlichen Glaubensbekenntnisses führte (Juni 325). Darin wurde Gottes Sohn explizit als wesensgleich (griechisch: *homousios*) mit Gottvater bezeichnet, Arius erlitt die Strafen der Exkommunikation und Verbannung.

Konstantins Hoffnungen auf eine innerchristliche Befriedung erfüllten sich jedoch nicht, im Gegenteil: In den Folgejahren erhielten die Arianer neuen Zulauf, Arius selbst wurde bereits 327/28 die Wiederaufnahme in die Kirche konzediert, und pikanterweise war es der proarianische Bischof Eusebius von Nicomedia, der Konstantin kurz vor seinem Tode (22. Mai 337) taufte. Seinen präsumtiven Nachfolgern hinterließ

Konstantin als wichtigste Aufgaben nicht nur einen weitgehend vorbereiteten, aber noch zu führenden Perserfeldzug, sondern auch die Bewältigung der weiterhin virulenten innerchristlichen und christlich-paganen Konflikte. Als bedeutendste Hypothek sollte sich jedoch das nicht im innerfamiliären Konsens regelbare Sukzessionsproblem – die Frage der Herrschernachfolge – erweisen. Zwar hatte der Kaiser aller Wahrscheinlichkeit nach vorgesehen, daß im Rahmen einer dynastischen Tetrarchie zwei höherrangige Augusti (?) – seine Söhne Constantius II. und Constantinus II. – und zwei nachgeordnete Caesares – sein Sohn Constans sowie sein Stiefneffe Flavius Delmatius – gemeinsam regieren sollten, doch dieser Plan ließ sich, wie sich bald zeigen sollte, nicht realisieren.

4. Die Konstantinsöhne (337–361): Rückschritte

Konstantins Nachfolgeordnung hatte sowohl den von ihm selbst ins Werk gesetzten Reformen als auch grundlegenden politischen Einsichten Rechnung getragen. Zum einen hatte nämlich die Etablierung der verschiedenen Prätorianerpräfekturen eine gewisse Regionalisierung des Reiches begünstigt, welcher die (bereits in der diokletianischen Tetrarchie praktizierte) Ausweisung größerer Operationsbereiche und deren Zuweisung an Mitherrscher entsprach.

Daneben hatte das Scheitern des diokletianischen Sukzessionssystems erkennen lassen, daß die Nichtberücksichtigung von Söhnen amtierender Herrscher bei der Nachfolge die Instabilität der ohnehin prekären Herrschaft enorm verschärfte. Und schließlich hatten die Erfahrungen des 3. Jahrhunderts die Unmöglichkeit demonstriert, angesichts zunehmender äußerer Bedrohungen die Sicherheit der Grenzen und des Gesamtreiches nur durch einen einzigen Herrscher zu gewährleisten. Aber natürlich setzte eine folglich als wünschenswert erscheinende Mehrkaiserherrschaft das voraus, was Orosius an der ersten Tetrarchie hervorgehoben hatte (Seite 10): Eintracht oder wenigstens ein Mindestmaß an Kooperationsbereitschaft und -fähigkeit. Daran ließen es die Konstantinsöhne freilich von Beginn an fehlen, und die herrschende Unsicherheit nach Konstantins Tod kam schon dadurch zum Ausdruck, daß keiner der vier Caesares den Augustus-Titel annahm. Man belauerte sich gewissermaßen gegenseitig und wartete voller Mißtrauen darauf, wer den ersten Schritt tun würde. Den unrühmlichen Anfang machten schließlich die Constantius II. ergebenen Soldaten, die ein Blutbad innerhalb der Verwandtschaft Konstantins anrichteten, dem unter anderem auch der Caesar Delmatius zum Opfer fiel. Die drei verbliebenen Söhne des Kaisers ließen sich erst im September 337 zu Augusti proklamieren, doch zu einer kollegialen Mehrkaiserherrschaft kam es dennoch nicht. Denn bereits im Jahre 340 unternahm Constantinus II. einen Feldzug gegen den in

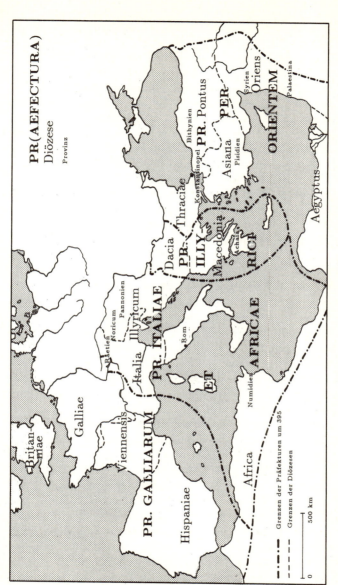

Abb. 5: Das römische Reich mit den Präfekturen

Rom residierenden Constans, verlor dabei aber sein Leben. Folglich blieben nur die zwei Augusti Constans (im Westen) und Constantius II. (im Osten) übrig, und diese Konstellation zweier jeweils auf den Okzident und Orient konzentrierten Herrscher werden wir in der Folgezeit regelmäßig antreffen.

Die zusehends von äußeren Bedrohungen mitbestimmten Ereignisse spielten sich in West und Ost nahezu unabhängig voneinander ab, beide Augusti haben faktisch niemals miteinander, sondern bestenfalls nebeneinander regiert. Constans sah sich vor allem Angriffen und Einfällen seitens der Rheingermanen und Alamannen gegenüber, denen er in den Jahren 341/42 nur mit mäßigem Erfolg zu begegnen vermochte. Zur Labilität seiner Herrschaft dürfte auch seine wenig durchdachte Innenpolitik beigetragen haben. Durch eine dezidiert antiarianische, katholische, das heißt an den nicänischen Konzilsbeschlüssen orientierte Haltung begab er sich nicht nur auf schroffe Distanz zu seinem betont arianischen Bruder Constantius II., sondern er sorgte auch in seinem eigenen Herrschaftsbereich für Polarisierung und Unruhe. Verschärft wurde die allgemeine Unzufriedenheit ferner durch unpopuläre Steuererhöhungen, so daß es Flavius Magnentius, einem Halbgermanen, den sein Aufstieg im römischen Militärdienst bis in die Offiziersränge geführt hatte, offenbar ohne größere Schwierigkeiten gelingen konnte, am 18.1.350 die Kaiserwürde zu usurpieren. Constans ergriff tapfer die Flucht, wurde jedoch von einem germanischen Mitstreiter des Magnentius getötet. Der Heide Magnentius scheute sich in der Folgezeit nicht, durch demonstrativ christliche Münzbilder um Anerkennung bei Constantius II. nachzusuchen, was diesen jedoch trotz seines Engagements im Perserkrieg nicht davon abhielt, militärisch gegen den ungebetenen Kollegen vorzugehen. Er ernannte seinen Verwandten Gallus 351 zum Caesar und damit zum vorübergehenden Statthalter im Osten, beendete auf dem Marsch gen Westen noch die ephemere Usurpation des illyrischen Heermeisters Vetranio und besiegte Magnentius schließlich in einer blutigen Schlacht, die angeblich mehrere zehntausend Opfer forderte, im September 351 bei Mursa (Pannonien); im August 353 beging Magnentius in aussichtsloser Lage Selbstmord.

Constantius II., letzter verbliebener Sohn Konstantins des Großen und selbst ohne männliche Nachkommen, hatte somit faktisch die Monarchie seines Vaters und die Oberherrschaft über das Gesamtreich wiederhergestellt. In den 340er Jahren war es ihm in den noch von seinem Vater vorbereiteten Auseinandersetzungen mit den Persern gelungen, die östliche Reichsgrenze weitgehend zu behaupten, und bis zum Jahre 360, als ein neuerlicher Einfall des Perserkönigs Shapur II. nach Mesopotamien seine Rückkehr an den östlichen Limes erzwang, verblieb Constantius II. nun, nach dem Sieg über alle inneren Widersacher, im Westen, wo er eine energische Innen- und Religionspolitik zu betreiben suchte. Dabei ließ er deutliche Neigungen zugunsten arianischer Auffassungen erkennen und sorgte auch für die Verurteilung des wichtigsten katholischen Aktivisten, des Alexandriners Athanasius, auf den Konzilien von Arles (353) und Mailand (355). Parallel dazu betrieb er eine prononciert antiheidnische Politik, die vor allem im Tonfall der einschlägigen Gesetze geradezu christlichen Missionseifer erkennen läßt. Es mag mit einer derartigen Geisteshaltung (die im übrigen prinzipiell, wenn auch mit anderen Vorzeichen, ebenfalls für seinen katholisch orientierten Bruder Constans galt) zusammenhängen, daß in dieser Zeit auch die von römischem Boden aus betriebene, freilich von der kaiserlichen Zentrale nicht gezielt konzipierte und unterstützte Christianisierung außerrömischer Völkerschaften einen deutlichen Aufschwung erlebte. Besondere Hervorhebung verdient dabei der aus dem Gotengebiet stammende, aber in der klassischen Kultur erzogene Wulfila (ca. 307–ca. 383), der als Bischof der Goten und als Übersetzer der Bibel ins Gotische in die Geschichte eingehen sollte.

Ein derartiger Export römischen und christlichen Gedankenguts über den Limes hinweg war die positive Seite einer Medaille, die freilich auch ihre negative Kehrseite besaß, denn die wachsenden Kontakte zwischen dem Imperium Romanum und dem Barbaricum waren in der Hauptsache unfriedlicher

Natur. Immer öfter brachen germanische Völkerschaften ins Reich ein, und besonders taten sich dabei die Alamannen hervor, die zwischen 351 und 355 zahlreiche linksrheinische Städte – unter anderem Speyer, Worms, Mainz, Bingen und Koblenz – überfielen und von Constantius II. nur durch einen wenig ruhmreichen Vertrag gebremst werden konnten, der den alamannischen Königen reiche Subsidien, das heißt von den Römern gewährte materielle Zuwendungen, einbrachte und vielen Alamannen den Weg in den römischen Militärdienst ebnete. Eine vorläufige Wende im römisch-alamannischen Kräfteverhältnis führte erst Julian, der neue Caesar, herbei, den Constantius II. 355 zum kaiserlichen Juniorpartner erkoren und mit der Rückeroberung der verlorenen Gebiete betraut und dem er ferner Gallien als zentrales Aufgaben- und Operationsgebiet zugewiesen hatte. Die Neubesetzung des Caesariats war notwendig geworden, nachdem der seit 351 den Osten verwaltende Caesar Gallus offensichtlich die ihm von Constantius II. gesteckten Kompetenzgrenzen überschritten hatte und auf Geheiß des Kaisers hingerichtet worden war. Diese Vorgänge zeigen wieder einmal deutlich, daß die Verhältnisse des 3. Jahrhunderts stets wiederzukehren drohten. Denn Constantius II. als Alleinherrscher vermochte keine effektive Kontrolle über das Reichsganze auszuüben oder wenigstens eine annähernd funktionsfähige Mehrkaiserherrschaft zu etablieren. Die unausweichliche Folge waren Usurpationen wie die der bereits erwähnten Militärs Magnentius und Vetranio, zu denen sich noch der fränkische Heermeister Silvanus gesellte, der sich im August 355 in Köln zum Augustus erhob, aber bereits nach knapp einem Monat von Soldaten ermordet wurde. Signifikant für die neuerliche Strukturschwäche des Kaisertums unter Constantius II. war denn auch sein Ende. Den Caesar Julian, der 357 einen denkwürdigen Sieg über die Alamannen bei Argentorate (Straßburg) erfochten hatte, riefen seine Truppen in Paris, möglicherweise sogar gegen Julians eigenen Willen, zum Augustus aus, denn der wegen drängender Gefahren zurück an die Perserfront geeilte Constantius II. hatte größere Truppenkontingente aus Gallien angefordert, doch die Soldaten waren nicht zu einer Verlegung in den Osten bereit. Da sich auch Constantius II. zu keinerlei Konzessionen verstehen konnte, marschierten beide Augusti mit jeweils großem Aufgebot gegeneinander auf, doch bevor es zu einem Kampf kommen konnte, starb Constantius II. am 3. November 361 in Kilikien.

Ammianus Marcellinus, der ‚Tacitus der Spätantike', dessen erhaltene Bücher mit dem Jahre 353 einsetzen und uns detaillierte Augenzeugenberichte und Insiderinformationen bis zum Jahre 378 liefern, zieht eine durchwachsene, im Tenor kritische Bilanz der Regierungszeit Constantius' II. (21,16): Er sei voller Grausamkeit gewesen und habe vor allem die Provinzen gnadenlos durch Abgabenerhöhungen ausgepreßt; auch in ihm besonders am Herzen liegenden christlichen Angelegenheiten habe er nur Unheil angerichtet und die Streitigkeiten vermehrt. Auf der Habenseite des Kaisers verbucht Ammianus Marcellinus immerhin dessen Konsequenz bei der Trennung von Zivil- und Militärangelegenheiten, die weitere Aufwertung der Prätorianerpräfekturen sowie die Zurückhaltung bei der Schaffung neuer staatlicher Posten.

Die Analyse des spätantiken Historikers erweist sich im Spiegel weiterer Quellen, vor allem der im *Codex Theodosianus* kompilierten Gesetze Constantius' II., als bemerkenswert exakt. Die wachsende Regionalisierung des Reiches zeigt sich in der nun immer stärkeren territorialen Festschreibung sowohl der Prätorianerpräfekturen als auch der Kommandobereiche der Heermeister. Die Zunahme des Steuerdrucks hängt nicht zuletzt mit den zahlreichen Einfällen ins Reichsgebiet und daraus resultierenden Subsidienzahlungen sowie Wiederaufbaubemühungen zusammen. Insbesondere dürften freilich die Städte in Mitleidenschaft gezogen worden sein, denn gerade dort führten überdies die vom Kaiser forcierten religiösen Zuspitzungen zu konkreten Verwerfungen. Opferverbote, Tempelzerstörungen und die sich nicht selten in bürgerkriegsähnlichen Unruhen entladende Polarisierung beeinträchtigten das städtische Leben, und auch die lokalen Eliten, die für die Existenz der Gemeinden besonders wichtigen Mitglieder der

Stadträte (Kurialen), wurden in diese Zwistigkeiten mit hineingezogen und in ihrer Substanz geschwächt. Erst ab dem Jahr 357 mäßigte Constantius II. seine militante antiheidnische Politik, und zwar unter dem Eindruck seines von Ammianus Marcellinus (16,10,1–17) geradezu süffisant in allen Details berichteten Besuches in Rom.

Der Kaiserhof der Spätantike hatte zunehmend an Mobilität gewonnen, Residenzorte wechselten, und somit erlebte auch das altehrwürdige Rom nur noch selten Kaiserbesuche. Als ideelles Zentrum des nach ihm benannten Reiches, als soziokultureller Mittelpunkt und Schauplatz wahrer *romanitas* stand Rom jedoch weiterhin unangefochten an der Spitze der reichsweiten Städtehierarchie, und daran hatten nicht zuletzt die berühmten monumentalen Bauten der Stadt großen Anteil. Dieser Macht der Geschichte, dem Fluidum einer einzigartigen, und zwar traditionell römisch-paganen Vergangenheit konnte sich auch Constantius II. nicht verschließen, als er 357, im Jahre seines zwanzigjährigen Regierungsjubiläums, die Stadt betrat. Genüßlich beschreibt der rombegeisterte Ammianus Marcellinus das Staunen, welches den frömmelnden, steifen Kaiser beim Anblick all der marmornen Herrlichkeiten befiel. Schließlich stiftete dieser sogar einen (heute vor der Lateransbasilika aufgestellten) Obelisken für den Circus Maximus und ließ wenige Wochen nach seinem Rombesuch die von seinem Vater Konstantin verbotenen Gladiatorenspiele wieder zu. Damit hat Constantius II. der von kaiserlichen Stiftungen ganz anderer Dimensionen strotzenden Stadt natürlich keinen eigenen Stempel aufdrücken können, sehr viel deutlichere Spuren hat er hingegen im ‚zweiten Rom' hinterlassen, in der Stadt seines Vaters – in Konstantinopel. Denn erst Constantius II. ist es gewesen, der durch seine Maßnahmen entscheidend dazu beigetragen hat, Konstantinopel auf dem Weg vom ‚zweiten Rom' zum ‚neuen Rom' einen großen Schritt voranzubringen. Auf der Verwaltungsebene äußert sich dies darin, daß er nun auch in Konstantinopel nach stadtrömischem Vorbild städtische Präfekturen einrichtete und die Stadt wie Rom durch einen Stadtpräfekten (*praefectus urbi*) lenken ließ; ferner glich er die Mitglieder des konstantinopolitanischen Senates hinsichtlich der Rangtitulatur und der Kompetenzen dem stadtrömischen Vorbild an. Auch im Stadtbild von Konstantinopel setzte er deutliche Akzente, indem er weltliche (eine Thermenanlage) und christliche Bauten (wahrscheinlich den Vorgängerbau der Hagia Sophia) errichtete, seine besondere Aufmerksamkeit aber galt der konstantinischen Apostelkirche. Denn er sorgte für die Herbeischaffung der bislang fehlenden, aber für das Renommee der Kirche dringend benötigten Reliquien (des Timotheos, des Evangelisten Lukas und des Apostels Andreas), und seinem Vater baute er daraufhin ein eigenes Mausoleum, in welches der vorher in der Apostelkirche aufgestellte Sarkophag Konstantins umgelagert wurde. Wie bewußt und reflektiert Constantius II. diese Aufwertung Konstantinopels vorangetrieben hat, ist schließlich seiner Münzprägung zu entnehmen. Denn der Kaiser ließ Münzen herausbringen, auf denen die personifizierten Städte Roma und Constantinopolis nebeneinander dargestellt sind, und die Legende weist beide als Sinnbilder für den Ruhm (*gloria*) des Staates aus. Und ein fast zeitgleich entstandenes Münzbild zeigt die thronende Constantinopolis, die laut der Umschrift *Gloria Romanorum* nicht etwa nur für das oströmische Reichsgebiet steht, sondern den Glanz aller Römer verkörpert.

Für Konstantinopel bedeutete die Regierungszeit Constantius' II. also erkennbar einen großen Fortschritt, für das Reichsganze hingegen markiert sie einen Rückschritt. Im Inneren häuften sich Usurpationen, die Desintegration der Kaiserherrschaft war nicht zu übersehen, und jenseits der Reichsgrenzen kündigten sich die unruhigen Zeiten der sogenannten Völkerwanderung an. In den Augen von Julian, der nun, ab dem Dezember 361, als alleiniger Augustus regierte, hatten Regression und Niedergang jedoch nicht erst mit Constantius II., sondern bereits mit Konstantin dem Großen begonnen. Denn die Abkehr von den alten Göttern hatte in seinen Augen eine verhängnisvolle Entwicklung eingeleitet, der er mit aller Macht und Entschiedenheit ein Ende setzen wollte.

5. Julian (361–363): Grandioses Scheitern

Julian, dem die christliche Überlieferung den Beinamen ‚der Abtrünnige' (*Apostata*) gegeben hat, war der letzte Vertreter der konstantinischen Dynastie, der nach den blutigen Geschehnissen des Jahres 337 und der Ermordung des Gallus im Jahre 354 für das Herrscheramt und somit auch für die Nachfolge Constantius' II. in Frage kam. Er war 331 oder 332 in Konstantinopel geboren worden und über seinen Vater Iulius Constantius, den Halbbruder Konstantins des Großen, mit dem Herrscherhaus verwandt. Bis etwa 351 wurde er, auf Geheiß Constantius' II., im christlich-arianischen Sinne erzogen und betrieb dann unter anderem wieder in Konstantinopel philosophisch-rhetorische Studien, in deren Zuge er mit dem heidnischen Rhetor Libanius aus dem syrischen Antiochia in Kontakt kam. Aus späteren brieflichen Äußerungen Julians, die glücklicherweise in großem Umfang erhalten sind, ergibt sich, daß die innere Wende Julians zum Heidentum ungefähr in dieser Anfangszeit seiner Beschäftigung mit der Philosophie stattfand, denn er weist in einem Schreiben vom Ende 362/Anfang 363 an die (christlichen) Bewohner Alexandrias auf sich selbst als Vorbild: „Wenn ihr euch von mir, selbst bei der Knappheit meines Zuredens, leiten lassen wollt, so lenkt euch selbst zur Wahrheit zurück. Ihr werdet den rechten Weg nicht verfehlen, wenn ihr dem folgt, der bis zu seinem zwanzigsten Lebensjahr ebenfalls jenen Weg gegangen ist und sich nun mit Hilfe der gnädigen Götter das zwölfte Jahr auf diesem Weg befindet" (*ep*. 111 Bidez). Folglich war Julian 351 oder 352 vom Paulus zum Saulus geworden, hatte den christlichen Weg verlassen und den traditionell-heidnischen Weg eingeschlagen, er hatte jedoch konsequent diese innere Umkehr vor aller Welt (und besonders vor dem arianischen Augustus Constantius II.) geheimgehalten, denn erst nach dem Tode Constantius' II. bekannte er sich vor aller Welt zum Heidentum. Schon darin zeigt sich die politische Brisanz der religiösen Haltung eines jeden spätantiken Kaisers, und das lange Schweigen Julians bestätigt noch einmal (was im Hinblick auf die frühen Jahre Konstantins vor 312 besonders wichtig ist), daß aus der Regierungstätigkeit eines Herrschers nur sehr begrenzte Aufschlüsse über dessen innere Glaubenshaltung zu gewinnen sind. Politisches Kalkül und Zweckrationalität rangierten zumindest für den Caesar Julian vor der Unbedingtheit des religiösen Bekenntnisses, und erst mit der Usurpation wurde der neue Augustus offiziell zu dem *Apostata*, der er eigentlich schon längst gewesen war.

Als Caesar (seit dem 6. November 355) in Gallien tat sich Julian nach seinen Siegen über Franken und Alamannen vor allem durch die Erneuerung der Infrastruktur und die Sicherung der Grenzen hervor, überdies scheint er mit hohem programmatischem Anspruch für eine integre Provinzverwaltung und vor allem für die Wiederbelebung und Stärkung des Städtewesens eingetreten zu sein. Diese Ziele verfolgte, nun auf das Reichsganze bezogen, auch der Augustus Julian, doch zeigte sich alsbald, daß die Wirklichkeit und der Anspruch einer umwälzenden Reformpolitik im antichristlich-traditionellen Sinne kaum zur Deckung gebracht werden konnten.

Als Julian am 3. November 361 zum einzigen Augustus avanciert war, hat er dies nicht nur als Erfüllung seiner politischen Hoffnungen, sondern geradezu als Befreiung von den Fesseln eines falschen Glaubens und überdies als göttlichen Auftrag empfunden, die Welt wieder in die vermeintlich richtigen Bahnen zu lenken. In einem recht privat gehaltenen Brief, der unmittelbar im Anschluß an die Benachrichtigung vom Tod Constantius' II. entstanden sein dürfte, offenbart Julian, welch psychischer Druck auf ihm gelastet habe. Am meisten angefleht habe er den Gott Helios (*ep*. 28 Bidez), und noch viel deutlicher und emphatischer bekennt sich Julian in seinem schon zitierten Sendschreiben an die Bürger von Alexandria (Seite 42) zu dem Sonnengott Helios/Sol: „Seid ihr als einzige bar des Empfindens für den von Helios niederströmenden Glanz? Wißt ihr als einzige nicht, daß durch ihn Sommer und Winter entstehen? Ist euch als einzigen unbekannt, daß alles Leben von ihm geschaffen, alle Bewegung von ihm hervorgerufen wird?" (*ep.* 111 Bidez). Hatte einst Konstantin über den Sonnengott Sol Invictus den Weg zum lichtspendenden, aus der Dunkelheit führenden Christengott gefunden, so befand sich Julian nun in umgekehrter Richtung auf dem ‚Pfad der Erleuchtung': Nicht „Jesus, den weder ihr gesehen habt noch eure Väter gesehen haben," sondern Helios, „den von Anbeginn der Zeiten das gesamte Menschengeschlecht sieht, erblickt und verehrt" (ebenda), spende mit dem Licht die wahre Kraft und Existenz.

In diesem geradezu überbordenden Sendungsbewußtsein lag bereits der Keim des Scheiterns – wie hätte es auch möglich sein sollen, die inzwischen nachhaltigen Folgen jahrzehntelanger Neuorientierung auf wichtigen Gebieten in Politik und Gesellschaft binnen kürzester Zeit zu annullieren beziehungsweise rückgängig zu machen? Überdies war Julian gar nicht imstande, seine gesamte Kraft der inneren Restauration des Reiches zu widmen, denn schließlich befanden sich die Römer mitten in einem Perserkrieg, an dessen Fortsetzung Constantius II. nur durch die Erhebung Julians zum Augustus gehindert worden war. Einen nicht geringen Teil seiner vor allem gesetzgeberischen Reformtätigkeit als Augustus hat Julian denn auch gewissermaßen aus dem Reisewagen und aus dem Feldherrnzelt betreiben müssen, wie ein kurzer Blick auf das herrscherliche Itinerar lehrt: Am 11. Dezember 361 erreichte Julian in feierlichem Zug Konstantinopel und sorgte dort für eine angemessene Totenfeier für Constantius II., den er – in traditioneller Manier, aber gewiß nicht im Sinne des Verstorbenen – divinisieren ließ. Im Mai verließ er die Stadt und machte sich auf den Weg nach Antiochia, um die letzten Kriegsvorbereitungen zu treffen. In Antiochia, wo er sich vom Sommer 362 bis zum März 363 aufhielt, wurde er in die innerstädtischen Auseinandersetzungen hineingezogen, denen er sich erst durch den im März 363 erfolgenden Aufbruch nach Persien entziehen konnte, wo er am 26. Juni infolge einer Verwundung starb.

Im wesentlichen hat Julian also in den ersten vier Monaten seiner Alleinherrschaft von Konstantinopel aus den Versuch unternommen, seine umfassenden Reformen ins Werk zu setzen. Soweit diese die angestrebte Wiederherstellung der städtischen Lebenskräfte betrafen, hat Ammianus Marcellinus ihnen höchstes Lob gezollt und sie als Ausfluß seiner großmütigen Freigebigkeit (*liberalitas*) gerühmt (25,4,15): „So hat er nur leichte Tribute auferlegt, auf das Kranzgold verzichtet, viele Steuerschulden erlassen, die sich im Laufe der Jahre angehäuft hatten, und Streitigkeiten zwischen Privatleuten und der Staatskasse beigelegt. Den Städten hat er ihre Einnahmen und Landgüter zurückerstattet mit Ausnahme derer, die Machthaber vergangener Zeiten unter dem Schein des Rechts verkauft haben." Diese Wertung enthält durchaus korrekte Informationen, da die erhaltenen Gesetze Julians in der Tat Steueramnestien verzeichnen; auf das von den städtischen Kurien regelmäßig zu entrichtende Kranzgold verzichtete er freilich nicht, sondern insistierte laut dem erhaltenen Gesetzestext (*Codex Theodosianus* 12,13,1) auf seinem Recht, bei Bedarf auf diese Finanzquelle zurückgreifen zu können. Daraus geht deutlich hervor, daß Julian einerseits durchaus von dem Gedanken beherrscht war, die alte, von ihm besonders geschätzte griechische Poliskultur mit neuem Schwung zu versehen. Andererseits verlor Julian aber zentralstaatliche Interessen keineswegs aus den Augen, denn nur starke und leistungsfähige Stadträte waren in der Lage, Aufgaben im Interesse des Gemeinwohls zu übernehmen. Schließlich muß Julians Städtepolitik immer auch im Kontext seiner Religions- und Kultpolitik gesehen werden, und diesen Aspekt verschweigt Ammianus Marcellinus bei seiner Würdigung des Kaisers, den er als Städtefreund (*philopolis*) charakterisiert. Die Rückerstattung von Ländereien an die Städte betraf nämlich vor allem ehemalige Tempelgüter, die Julians christliche Vorgänger konfisziert hatten, und Entsprechendes gilt für seine Baupolitik, die insbesondere auf die Restaurierung oder die Neuerrichtung von Tempeln für die alten Götter abzielte.

Die Kehrseite dieser julianischen Politik zugunsten der traditionellen Kulte bestand in antichristlichen Maßnahmen. Zwar verstieg er sich nicht zu einer neuen, systematischen

Christenverfolgung im Stile Diokletians, er suchte aber durch gesetzliche Regelungen eine deutliche Zurücksetzung der christlichen Kirche und ihrer Kleriker zu erreichen. So kassierte er zwischenzeitlich den Christen konzedierte Vorrechte (wie zum Beispiel das Recht, den staatlichen Transportdienst in Anspruch zu nehmen) und hob die steuerliche Immunität der Geistlichen wieder auf. Ferner wurden Neubauten christlicher Kirchen verboten, und vor allem drohte den Christen der Entzug ihrer materiellen Existenzgrundlage, denn als Konsequenz der von Julian feierlich verkündeten Wiederbelebung der alten Kulte mußte mit Besitzrückforderungen in gewaltigem Ausmaß gerechnet werden. Mag Julian auch von der konsequenten Degradierung und von Repressionen gegenüber Christen abgesehen haben – er eröffnete sogar Anhängern des christlichen Glaubens den Zugang zu höheren Posten in Zivilverwaltung und Armee –, so schuf er insgesamt doch ein von Konfrontation und Dissens geprägtes gesellschaftliches Klima, welches fanatische Heiden wie Christen zu militanten Auseinandersetzungen ermutigte, die nicht selten in gewalttätigen Ausschreitungen eskalierten. Die wohlwollende Duldung oder gar Förderung innerchristlicher Spannungen bildete daher einen elementaren Bestandteil der julianischen Politik, was Ammianus Marcellinus unverblümt eingesteht (22,5,2–4): „Mit deutlichen und vollkommenen Entscheidungen ordnete er an, die Tempel zu öffnen, Opfertiere an die Altäre zu bringen und den Götterkult wiederherzustellen. Um die Wirkung seiner Maßnahmen zu verstärken, ließ er die Bischöfe der Christen, die verschiedener Meinung waren, mit ihrer ebenfalls uneinigen Gemeinde im Palast vor und ermahnte sie leutselig, ihre Zwistigkeiten einzustellen. Jeder sollte, ohne daß ihm gewehrt würde, und ohne Furcht seiner Religion dienen. Das tat er aus dem Grunde so nachdrücklich, damit diese Freiheit ihre Meinungsverschiedenheiten vermehren sollte und er selbst nicht später die Einigkeit des Volkes zu fürchten brauchte."

In welch hohem Maß vergiftet die Atmosphäre inzwischen war, demonstrieren die Begleitumstände von Julians langwierigem Aufenthalt im syrischen Antiochia. In der schon stark christianisierten Stadt schlug dem heidnischen Kaiser bei seiner Ankunft zunächst allseits echte Begeisterung entgegen, die alsbald jedoch in Befremden und schließlich in beißenden Spott und offene Ablehnung umschlug, und zwar sowohl bei den Christen wie bei den Heiden. Denn die Bewohner der syrischen Metropole erlebten Julian nicht als Kaiser, sondern vor allem als philosophischen Überzeugungstäter, der im wahrsten Sinne des Wortes aus seiner Rolle fiel. Statt des üblichen kaiserlichen Zeremoniells, das einem vermeintlichen Weltherrscher wohl anstand, inszenierte Julian sein Auftreten in Form eines skurrilen Asketen, der moralisierend und deklamierend daherkam. In dem geradezu rührenden Bestreben, Bürgernähe zu demonstrieren, verletzte Julian in eklatanter Weise seine Status- und Rangpflichten – beiderseitiges Mißverstehen, Kränkungen und Aggressionen waren die Folge. Wenn Julian darauf mit seiner berühmten, an die Antiochener gerichteten Streitschrift „Barthasser" (*Misopogon*) antwortete, so verhielt er sich insofern situationsgerecht, als sich die Aversionen der Leute in der Tat weniger gegen seine konkreten Maßnahmen als vielmehr gegen sein Auftreten und seine Erscheinung richteten, zu welcher sein geradezu programmatischer Philosophenbart gehörte. Verschärft wurde das Zerwürfnis jedoch noch durch aktuelle wirtschaftliche und soziale Probleme. Die Stadt litt nämlich unter einer langanhaltenden Versorgungskrise, die durch getreidehortende, preistreibende Grundbesitzer sowie die hungrigen Soldaten, welche Julian hier für den Perserfeldzug zusammengezogen hatte, noch verschärft wurde, und in dieser von ihm weitgehend unverschuldeten Lage agierte Julian äußerst ungeschickt. Schließlich brannte auch noch der berühmte Apollo-Tempel in Daphne bei Antiochia ab, woraufhin Julian in der Metropole selbst die christliche Kirche schließen ließ, in der unbewiesenen Annahme, Christen hätten das Feuer gelegt.

Der restaurative Eifer und die Verkennung der Realität, die Julians Aufenthalt in Antiochia weitgehend prägten, bestimmten ihn auch zu seiner vielleicht bekanntesten Maßnahme, dem sogenannten Rhetorenedikt (*Codex Theodosianus* 13,3,

5). Dieser Erlaß aus dem Juni 362 sah vor, daß „Lehrer der Gelehrsamkeit und Rhetoriklehrer" eine Art Lehrerlaubnis der städtischen Kurien einzuholen hatten, welche wiederum dem Kaiser zur abschließenden Prüfung vorgelegt werden mußte. Erst aus einem Begleitschreiben Julians (*ep.* 61 c Bidez) gehen die eindeutig antichristliche Stoßrichtung des Gesetzes sowie die Beweggründe Julians deutlich hervor, denn der Kaiser forderte die religiöse Kongruenz von Lehrern und Lehrstoff, mit seinen Worten: Die klassischen Texte von Homer, Herodot, Thukydides und vielen anderen könnten nicht von Menschen gelehrt und gedeutet werden, welche die alten Götter ablehnten: „Ich halte es für unsinnig, daß die Interpreten der Werke dieser Autoren den von ebendiesen verehrten Göttern die Achtung verweigern."

Bereits bei den spätantiken Zeitgenossen Julians hat dieses Edikt ein lautes Echo gefunden. Natürlich reagierten die Christen aufs schärfste, doch selbst Heiden und ausgewiesene Sympathisanten Julians wie Ammianus Marcellinus sparten nicht mit Kritik an dieser weit überzogenen Maßnahme. Trotz des bemerkenswert sachlich gehaltenen Duktus des Briefes kann an dem zutiefst religiösen Impetus des Kaisers nicht gezweifelt werden, und auch in diesem Punkt hat Julian die Realität nicht adäquat eingeschätzt. An Homer und Platon, die er auch in seinem „Barthasser" als Leitbilder zitiert, hat er sich in seinem politischen Handeln orientieren wollen, doch das spätantike Kaisertum bedurfte anderer Stützen als der Kardinaltugenden eines platonischen Idealbürgers. Als Julian Antiochia im März 363 verließ, um den Perserkrieg fortzusetzen, weinten ihm die Antiochener keine Träne nach. Und als sich wenige Monate später die Nachricht von seinem Tode wie ein Lauffeuer verbreitete, kannte in Antiochia der Jubel gar keine Grenzen mehr. Zwar hat der frühe Tod Julian daran gehindert, seine ambitionierte Restaurationspolitik fortzusetzen, doch gescheitert ist sein Programm nicht nur an der Kürze der Laufzeit, sondern eher an der Maßlosigkeit seines Anspruches.

6. Valentinian I. und Valens (364–378): Übergang und Einbruch

Julians unerwarteter Tod traf das Reich völlig unvorbereitet. Der durchaus hoffnungsvoll wiederaufgenommene Perserkrieg – Julian hatte vor Ktesiphon einen Sieg errungen, aber auf eine anschließende Belagerung verzichtet – harrte der Fortsetzung, Mitherrscher oder präsumtive Nachfolger gab es nicht, und die polarisierende Politik des jungen Herrschers hatte reichsweit für Unruhe gesorgt. Da lag es nahe, auf Alter und Besonnenheit zu setzen. Der erste Thronkandidat, auf den sich die Armee noch am Todestag Julians verständigen konnte, war der heidnische Prätorianerpräfekt und Julian-Freund Salutius, aber der lehnte dankend ab – er sei zu alt. Die zweite Wahl fiel dann wieder auf einen Jüngeren, den Christen Iovianus – und der nahm an. Jovian hatte wenig mehr vorzuweisen als eine durchschnittliche Militärkarriere und einen angesehenen Vater, der die kaiserliche Leibgarde befehligt hatte. Und bereits sein Regierungsbeginn ließ erkennen, daß er bestenfalls ein Übergangskandidat sein würde (Ammianus Marcellinus 25,5,5–6): „In aller Eile wurde er mit den kaiserlichen Gewändern bekleidet und unerwartet aus dem Zelt geleitet, und schon eilte er die Kolonnen entlang, die sich zum Abmarsch rüsteten. Da sich das Heer über eine Strecke von vier Meilen hinzog, hörte man an der Spitze, wie einige ‚Jovian Augustus' riefen, und so ließ man diesen Ruf noch lauter erklingen. Nur gerieten sie durch die Ähnlichkeit des Namens, der sich lediglich durch einen Buchstaben unterschied, in Verwirrung und glaubten, Julian sei wiederhergestellt und werde wie üblich mit lauten Beifallsrufen geleitet. Als aber die gebückte und lange Gestalt Jovians herankam und sichtbar wurde, da ahnten sie, was sich ereignet hatte, und brachen alle in Tränen und Klagen aus." Angesichts der offenbar kontinuierlich gesunkenen Moral nimmt es nicht wunder, daß Jovian seine Hauptaufgabe zunächst nicht in der Weiterführung der Offensive, sondern in der möglichst sicheren Rückführung des Heeres ins Imperium Romanum sah. Er akzeptierte daher bereitwillig ein persisches Vertragsangebot, welches einen dreißigjährigen Waffenstillstand, zugleich aber den römischen Rückzug aus Teilen Mesopotamiens vorsah, darunter die Preisgabe der bedeutenden Stadt Nisibis. In den Augen der römischen Öffentlichkeit, die unverdrossen an die ihnen jahrhundertelang eingeredete, angeblich geradezu natürliche Überlegenheit und Sieghaftigkeit römischer Armeen über alle Gegner glaubte, bedeutete der Abschluß dieses Abkommens, welches überdies den Verzicht auf die römische Einflußnahme in Armenien beinhaltete, eine große Schmach. Ammianus Marcellinus, der vor Ort dabeigewesen war, lamentiert: „Wir hätten lieber zehnmal kämpfen sollen, um nichts davon aufzugeben, doch setzte die Menge der Schmeichler dem furchtsamen Kaiser zu" (25,7,10). Es scheint zwar fraglich, ob das unter erheblichen Nachschubproblemen leidende Heer in der Lage gewesen wäre, den Perserkrieg erfolgversprechend fortzusetzen oder gar siegreich zu beenden, an der einhellig negativen Presse Jovians hat dies freilich nichts geändert. Noch markanter als die außenpolitische Zäsur fiel die innenpolitisch von dem Christen Jovian vollzogene Kehrtwendung aus. Die religionspolitischen Anordnungen Julians machte er rückgängig, auch die christlichen Rhetoriklehrer durften ihre Tätigkeit unverzüglich wieder aufnehmen, stattdessen mußten nun die heidnischen Tempel neuerliche Einschränkungen und Behinderungen hinnehmen. Da Jovian jedoch bereits am 17. Februar 364 starb – immerhin, was für einen spätantiken Kaiser keineswegs selbstverständlich war, eines natürlichen Todes –, vollzog sich wieder einmal das gewohnte Procedere: Die Führung der Armee trat zusammen und suchte nach einem geeigneten (und das hieß stets auch: den Militärs genehmen) Nachfolger. Erneut fiel die Wahl auf einen Soldaten, und wieder stammte er aus dem Balkanraum. In diesem Fall war es Valentinian (I.), Offizier bei der kaiserlichen Leibwache, und einen Monat später (am 28. März 364) ernannte dieser auf Veranlassung der Soldaten seinen jüngeren Bruder Valens in Konstantinopel zum Mitherrscher im Augustusrang.

Ammianus Marcellinus, unser auch für diesen Zeitabschnitt wichtigster antiker Gewährsmann, berichtet, beide Kaiser hätten sich voller Eintracht (*concordissimi principes*) im Sommer 364 auf eine Teilung des Heeres, des Hofstaates und des Herrschaftsraumes geeinigt (26,5,1–4); als die wichtigsten Residenzorte dienten künftig Mailand und Trier (für Valentinian I.) sowie Konstantinopel (für Valens). Im Rückblick und in Kenntnis der später tatsächlich erfolgen Teilung zwischen west- und oströmischem Reich mag man hierin vielleicht eine wichtige Weichenstellung sehen, welche den Weg zur Teilung und langfristig vielleicht sogar zur Auflösung des Imperium Romanum gewiesen habe. Damit würde man der Sachlage jedoch nicht gerecht. Denn nach den mißlichen Erfahrungen mit den Augusti Constantius II. und Julian hatte sich vor allem bei den führenden Militärs die Erkenntnis durchgesetzt, daß nur eine taktische und strategische Verteilung der Lasten auf mehrere Schultern und eine entsprechende Konzentration der Ressourcen den Erfordernissen der Zeit würde genügen können. Valentinian I. und Valens haben denn auch stets an der staatsrechtlichen Reichseinheit festgehalten, in beider Namen die Gesetzgebung vollzogen und Münzen geprägt. Zu engerer Kooperation waren die Kaiser durchaus entschlossen, aber kaum fähig, denn beide wurden weitgehend in den Grenzzonen ihrer Herrschaftsgebiete festgehalten aufgrund von dramatischen außenpolitischen Zuspitzungen, die seit dem Humanismus in der gelehrten Forschung unter dem etwas unglücklichen Begriff der Völkerwanderung (*migratio gentium*) firmieren. Wanderungsbewegungen außerrömischer Völkerschaften und, damit verbunden, Einfälle ins Reichsterritorium hatte es im 2. und vor allem im 3. Jahrhundert schon häufig gegeben, doch in der zweiten Hälfte des 4. Jahrhunderts erreichten diese insofern eine neue Qualität, als nun die Hunnen, ursprünglich ein mongolisches Nomadenvolk, durch ihre Westwanderung Alanen, Sarmaten, Ostgoten und Westgoten massiv unter Druck setzten, teils gewaltsam in ihre Truppen integrierten und teils gegen den römischen Limes (vor allem im Donauraum) drängten, wo diese dann Aufnahme ins Imperium Romanum begehrten. Nahezu gleichzeitig nahm im Westen die Zahl germanischer Invasionen zu. Dort gelang es jedoch Valentinian I. in den Jahren 365 bis 375 weitgehend, die Grenze gegen Alamannen, Franken und Burgunder zu halten und sogar durch neue Befestigungsbauten zu stabilisieren, was ihm etliche Siegestitel und die euphemistische, inschriftlich bezeugte Titulatur des „größten Siegers und Triumphators" (*Corpus Inscriptionum Latinarum* VI 1175 = *Inscriptiones Latinae Selectae* 771) eingetragen hat. Und der bedeutende Redner und Vertreter der spätrömisch-heidnischen Senatsaristokratie, Quintus Aurelius Symmachus (ca. 340–nach 402), verstieg sich in einer am 1. Januar 370 (vielleicht in Trier) gehaltenen Lobrede auf Valentinian I. dazu, dessen Taten sogar denjenigen der mythischen Giganten voranzustellen, die zwar „ungewöhnlich Großes in Angriff nahmen, doch nur Schwaches ins Werk setzten" (*or.* 2,21). Denn der Kaiser beherrsche das Barbarenland, und als „unsterblicher Verteidiger" (*aeternus defensor*) des Reiches habe er einen undurchdringlichen Sicherheitsgürtel errichtet: „Von der Quelle bis zu seinen Mündungen in den Ozean säumt und ziert ein Kranz von Befestigungen die Uferränder des Rheins" (*or.* 2,27f.). Natürlich strotzen derartige Würdigungen von rhetorischer Übertreibung, aber als Valentinian I. bei seinem Tod (17. November 375) die Herrschaft seinem bereits seit 367 nominell als Augustus mitregierenden, inzwischen sechzehnjährigen Sohn Gratian hinterließ, fiel die Bilanz in der Tat nicht übermäßig negativ aus. Denn auch im Inneren hatte der auf alle spektakulären Maßnahmen verzichtende Valentinian es vermocht, ausgleichend und befriedend zu wirken. Selbst der heidnische Ammianus Marcellinus zollt dem katholischen Kaiser Lob und Respekt (30,9,5): „Schließlich wurde seine Regierung durch eine maßvolle Haltung in Religionsstreitigkeiten berühmt, in denen er eine unparteiische Haltung einnahm. In dieser Hinsicht belästigte er niemanden und gab auch keine Anweisung, diesen oder jenen Kult zu pflegen." Zwar förderte Valentinian I. die Konfiskation von Besitzungen und Vermögen heidnischer Tempel, aber immerhin verbot er keine paganen Kultpraktiken und bekannte sich explizit zur Glaubensfreiheit des Einzelnen: Jeder möge nach seiner Façon verehren, was immer ihm in den Sinn gekommen sei (*Codex Theodosianus* 9,16,9).

Das Fazit am Ende der Regierungszeit des Valens hingegen fiel nicht nur in religionspolitischer Hinsicht erheblich schlechter aus. Denn Valens vertrat in Glaubensfragen eine ähnliche Haltung wie Constantius II., und folglich fand der alte Konflikt zwischen katholischer Orthodoxie, vertreten durch (den 373 gestorbenen) Athanasius und die kappadokischen Kirchenväter (Basilius von Caesarea, Gregor von Nyssa und Gregor von Nazianz), und der arianischen Auffassung seine Fortsetzung. Zugleich spitzte sich trotz relativer Toleranz des Valens gegenüber den Anhängern der alten Kulte der im Osten ohnehin stets schärfere Konflikt zwischen Heiden und Christen erneut zu, denn insbesondere aus der julianischen Restaurationsphase herrührende offene Rechnungen wurden nun beiderseitig beglichen. Ägypten etwa erlebte aufs neue blutige Auseinandersetzungen, und in Ephesos zeigte Valens, an welchem Punkt seine Toleranz endigte. Dort nämlich wurde der neuplatonische Philosoph, ehemalige Lehrer und Ratgeber Julians, Maximus, im Jahre 372 hingerichtet; sein Vergehen hatte darin bestanden, dem Kaiser einen Tod ohne die üblichen Bestattungsfeierlichkeiten vorausgesagt zu haben. Hätte Valens die prophetischen Gaben des Maximus angemessener einschätzen können, so hätte er ihn womöglich nicht verurteilen lassen, sondern zum ersten kaiserlichen Ratgeber befördert, denn die für den Christen Valens empörenden Voraussagen des Philosophen wurden wenige Jahre später traurige Wirklichkeit: Valens verlor sein Leben in der berühmten Schlacht gegen die Goten bei Adrianopel (9. August 378), und da sein Leichnam verschollen blieb, konnte er auch nicht ehrenvoll bestattet werden.

Die verheerende Niederlage der Römer bei Adrianopel bildete den aus römischer Sicht unrühmlichen Höhepunkt im Anschluß an die bereits erwähnten Wanderungsbewegungen der germanischen Völkerschaften. Von den nachrückenden Hunnen bedrängt, besetzten im Sommer 376 die Westgoten „die Donauufer, schickten Unterhändler zu Valens und ersuchten mit demütiger Bitte um Aufnahme. Sie versprachen, ein friedfertiges Leben zu führen und Hilfstruppen zu stellen, wenn es die Umstände erforderten" (Ammianus Marcellinus 31,4,1). Valens, der sich seinerzeit im syrischen Antiochia aufhielt, gab diesem Wunsch statt, offenbar in der Hoffnung, auf diese Weise neue, kampferprobte Kontingente in das ohnehin längst stark germanisierte römische Heer eingliedern und überdies durch die Besiedlung wenig attraktiver Randzonen des Reiches neues Kulturland und höhere Steuereinnahmen gewinnen zu können. Damit hatte der Kaiser jedoch einen Dammbruch ungeahnten Ausmaßes ermöglicht, denn in der Folgezeit ergossen sich große Scharen nicht nur von Westgoten, sondern auch von Ostgoten ins Reichsgebiet, was unweigerlich innerhalb kürzester Zeit zu Versorgungsengpässen und Friktionen zwischen den Neuankömmlingen und den in der Thracia wohnenden römischen Provinzialen führen mußte. Nach einem ersten gewaltsamen Streit eskalierte die Lage, und die Goten zogen von nun an marodierend durch Thrakien, plünderten, wo sie konnten, und niemand vermochte ihnen Einhalt zu gebieten. Dies lag unter anderem darin begründet, daß germanische Truppenteile aus der nominell römischen, regulären Armee sich mit ihnen verbündeten. Valens, immer noch in Antiochia residierend, reagierte viel zu spät auf diese dramatischen Entwicklungen und traf auf seinem Marsch nach Thrakien erst im Mai 378 in Konstantinopel ein. Zwischenzeitlich hatte er seinen bereits wieder in Auseinandersetzungen mit den Alamannen stehenden westlichen Kollegen Gratian um Unterstützung gebeten, die dieser durchaus zu gewähren bereit war. Doch als der zu Hilfe eilende Gratian beinahe Thrakien erreicht hatte, entschloß sich Valens aufgrund einer eklatanten strategischen Fehleinschätzung oder vielleicht auch in der Absicht, den erwarteten Triumph und Ruhm als großer Barbarensieger allein zu erringen, bei Adrianopel eigenmächtig die Schlacht zu eröffnen. Die Goten siegten auf der ganzen Linie, Valens und mit ihm die meisten Offiziere sowie Tausende von Soldaten fielen, die Balkanprovinzen drohten nun zur Gothia zu werden.

Die publizistischen Reaktionen auf die Niederlage bei Adrianopel künden deutlich von der Gewißheit der Zeitgenossen, daß es nun um die Substanz, um den Bestand des Reiches ging; sie zeigen aber auch den Riß, der sich durch die gesamte römische Gesellschaft und den römischen Staat zog. In unmittelbarer Reaktion auf die Schlacht richtet der Mailänder Bischof Ambrosius (333/34 oder 339/40–397) an Kaiser Gratian die Mahnung, daß nur der richtige (das heißt orthodox-katholische) Glaube Siege gewährt – dies war ein deutlicher Hieb auf den Arianismus des Valens (*de fide* 142). Der Heide Libanius (314–393) wiederum wirbt für die Befragung der alten Orakel und die Rückkehr zum alten Glauben (*or.* 24,1) – das Desaster von Adrianopel wird also als Strafgericht der vernachlässigten alten Götter gedeutet.

Die Niederlage gegen die Goten schweißte die Römer erkennbar nicht zusammen, sondern vertiefte den vor allem religionspolitisch begründeten Dissens. Den Vertretern der Romidee, die von der *Roma aeterna*, der ewigen Existenz der Urbs überzeugt waren, bot der Blick in die Geschichte Trost: Oft schon hätten die Römer aus Bedrängnissen wieder herausgefunden, auf jede Niederlage sei noch stets ein um so größerer Sieg gefolgt. Diesen Optimismus suggeriert etwa Ammianus Marcellinus seinen Lesern, wenn er schreibt (31, 13,19): „Nirgends ist in den Annalen, abgesehen von der Schlacht bei Cannae, von einer so mörderischen Niederlage die Rede, obschon die Römer öfter – wegen der Ungunst der Schicksalsgöttin und durch Kriegslisten getäuscht – infolge von kriegerischen Schwierigkeiten zeitweise in Bedrängnis gerieten." Nach Cannae beendeten die Römer bekanntlich den zweiten Punischen Krieg gegen Hannibal dennoch siegreich, folglich – so lautet die stillschweigende Hoffnung des spätantiken Historikers – werde man auch mit den Goten letztendlich schon zurechtkommen. Daß es anders gekommen ist, wissen die Nachgeborenen – geahnt hat es schon der Kirchenhistoriker Rufinus (ca. 345–410) in seinem berühmten Kommentar zur Niederlage von Adrianopel: „Diese Schlacht war des Übels Anfang für das römische Reich damals und für die Folgezeit" (Kirchengeschichte 1,13).

7. Theodosius der Große (379–395):
Das Ende der Einheit?

Als Valens starb, gab es noch zwei amtierende Augusti: Gratian, den Sohn Valentinians I. aus erster Ehe, und Valentinian II., den Iustina, die zweite Frau Valentinians I., im Jahr 371 zur Welt gebracht hatte. Im zarten Alter von nur vier Jahren war er zur Sicherung der dynastischen Erbfolge im Jahr 375 zum Augustus erhoben worden und stand somit am Beginn einer langen Reihe der im weiteren Verlauf der Spätantike immer häufiger anzutreffenden und in der literarischen Überlieferung stark kritisierten Kinderkaiser (*principes pueri*). Mit seinem nunmehr achtjährigen Brüderchen konnte Gratian natürlich weder das gesamte Reich regieren noch die germanischen Völkerschaften bezwingen, und so erhob er am 19. Januar 379 in Sirmium Flavius Theodosius zum mitregierenden Augustus und übertrug ihm den Osten als Aufgabenbereich. Die Christen haben diesem Kaiser (wie auch Konstantin) spätestens ab Mitte des 5. Jahrhunderts das Attribut „der Große" zuerkannt, um denjenigen zu würdigen, der das Christentum nicänischen Glaubens zur Staatsreligion im Imperium Romanum gemacht hat. Wie ernst es dem neuen Herrscher mit einer prochristlichen Religionspolitik war, demonstrierte er gleich am Tage seines Herrschaftsantritts, denn er verweigerte die Annahme des *pontifex maximus*-Titels, lehnte also demonstrativ jegliche Zuständigkeit für die traditionellen Kulte ab.

Die dringlichste Aufgabe lag für den aus Spanien stammenden, bereits durch eine militärische Karriere exponierten Theodosius I. zunächst jedoch nicht auf kirchlichem Gebiet, sondern betraf die Regelung der Verhältnisse im Balkanraum. Daher blieb er während seiner ersten Regierungsjahre in diesem Gebiet und kümmerte sich insbesondere um die Reorganisation und die Wiederauffüllung der Truppenkontingente. Aus einschlägigen Gesetzen im *Codex Theodosianus* geht hervor, auf welche Schwierigkeiten ein spätantiker Kaiser bei derartigen Bemühungen traf. Denn die zur Rekrutenstellung im Rahmen des Steuerweges verpflichteten Grundbesitzer suchten auf diesem Wege die unbrauchbarsten Arbeitskräfte an die Armee loszuwerden, nicht selten kam auch die Selbstverstümmelung der Aspiranten vor, die sich auf diese Weise dienstuntauglich machten. Der spätantike Staat ist daher bald zur Adäration der Rekrutenabgabe übergegangen, das heißt die Grundherren entrichteten einen Geldbetrag an die staatlichen Behörden, die mit diesen finanziellen Mitteln selbst Soldaten anwerben konnten. Immer häufiger jedoch wurden nun militärdienstwillige Nichtrömer in römische Dienste übernommen, so daß die Armee zunehmend ‚barbarisiert' wurde. In den letzten Jahrzehnten des 4. Jahrhunderts spitzte sich diese Entwicklung erheblich zu, und so ist es kein Zufall, daß ausgerechnet zur Zeit Theodosius' I. ein höherer senatorischer Amtsträger namens Vegetius einen Abriß des Militärwesens (*Epitoma rei militaris*) verfaßte und an den Kaiser (höchstwahrscheinlich Theodosius selbst) richtete, in welchem er vor allem Fragen der Rekrutierung und militärischen Ausbildung sowie die Struktur der Legionen in allen Einzelheiten erörterte und strategische Überlegungen anstellte. Vegetius ging es vor allem darum, durch die Vergegenwärtigung der ruhmreichen Vergangenheit Roms Lehren für die Gegenwart zu formulieren und der Germanisierung der römischen Armee Einhalt zu gebieten.

Die Appelle und Anregungen von Vegetius verhallten weitgehend ungehört, Theodosius warb in großem Umfang Goten und Überläufer sowie Kriegsfreiwillige nichtrömischer Herkunft an. Somit geschah es (und dies kam in der Folgezeit immer häufiger vor), daß bei militärischen Auseinandersetzungen Angehörige derselben Völkerschaften gegeneinander antraten, was die Moral und Effizienz der bisweilen nur noch dem Namen nach römischen Armee nicht gerade stärkte.

Derartige Probleme ergaben sich bereits im Frühjahr 380, als Westgoten (unter Führung ihres Königs Fritigern) nach Makedonien vorstießen. Da sich die von Theodosius I. angeworbenen Goten als wenig verläßlich erwiesen, suchte der

Kaiser bei seinem westlichen Kollegen Gratian um Unterstützung nach. Dieser schickte Truppen unter Führung zweier Franken in römischen Diensten – namens Arbogast und Bauto –, welche die Goten zurückzuschlagen vermochten. Auf Dauer ließ sich eine Situation, die von weitgehend unabhängigen, auf römischem Gebiet umherziehenden Germanen gekennzeichnet war, freilich weder tolerieren noch kontrollieren, und somit entschloß sich Theodosius I. im Jahr 382 zum Abschluß eines Vertrages (*foedus*), der eine bedeutende Zäsur in der römischen Geschichte markiert. Denn erst dieses Abkommen, nicht etwa schon der zwischen Konstantin dem Großen und den Goten geschlossene Pakt (Seite 29), kreierte den Typus des reichsangehörigen Foederaten – ein fremdes, bereits auf römischem Territorium lebendes Volk erhielt den Status eines souveränen rechtlichen Partners, gleichsam die Rolle eines Staates im Staate. Auf lange Sicht liegt hier ein wichtiger Ausgangspunkt für die Ausbildung germanischer Reiche auf römischem Boden, ein Prozeß, der maßgeblich zur Auflösung des römischen (West-)Reiches beigetragen hat.

Den exakten Wortlaut des theodosianischen Gotenfoedus kennen wir nicht, doch die wichtigsten Punkte gehen aus der sechzehnten Rede des Themistius (ca. 317–388) hervor, der als Senator und Stadtpräfekt von Konstantinopel zur Reichselite zählte und als Festredner unter Valens und Theodosius I. eine Art Sprachrohr der offiziellen Politik darstellte. Folgender Vertragsinhalt läßt sich aufgrund der Ausführungen des Themistius rekonstruieren: Die Goten erhielten als freie Vertragspartner steuerfreies Siedlungsland auf römischem Reichsgebiet zugewiesen, wo sie autonom, nach eigenen Gesetzen und unter selbstbestimmter Leitung, lebten; sie erlangten die Reichsangehörigkeit, nicht jedoch volle Gleichstellung mit römischen Bürgern; und sie verpflichteten sich zur Waffenhilfe in römischen Diensten, freilich gegen gesonderte Besoldung und unter eigenem Kommando. Selbstverständlich war der römischen Staatsführung klar, welche Präzedenzfälle hier geschaffen wurden, und dementsprechend bemüht muten die Versuche an, die Tragweite der Regelungen herunterzuspielen beziehungsweise deren wahren Charakter zu verschleiern. Bei derlei interpretatorischen Aufgaben fiel besagtem Themistius eine führende Rolle zu, und der Rhetor bediente sich dabei insbesondere des Motivs des *philanthropos basileus*, des Kaisers als dem großen Gönner des gesamten Menschengeschlechts, um die schmerzlichen Konzessionen, zu denen Theodosius I. sich gezwungen sah, als generöse Zivilisierungstat umzudeuten. Der Kaiser, so Themistius, habe auf die Vernichtung der Barbaren verzichtet, um sie stattdessen an den Segnungen römischer Lebensqualität teilhaben zu lassen: „Wäre es denn besser, über Thrakien Leichen anzuhäufen als Bauern anzusiedeln? Sollen dort die Gräber die Zahl der lebenden Menschen übersteigen? Will man lieber über Wildnis als bebautes Land reisen? Und die Erschlagenen lieber zählen als die pflügenden Bauern?" (Themistius, *or.* 16,211 a–b).

Auf diese Weise mochte man sich die Wirklichkeit zwar schönreden, verändern konnte man sie gewiß nicht, und so gebührt Theodosius I. der zweifelhafte Ruhm, mit der Ansiedlung von Nichtrömern unter gleichzeitiger Konzession der Reichsangehörigkeit einen Tabubruch begangen zu haben. Gleichwohl bot diese wenigstens temporäre Eindämmung der akuten Gotengefahr dem Kaiser Grund genug zum Feiern, und so beging man zu Beginn des Jahres 383 in Konstantinopel nicht nur festlich diesen Friedensschluß mit den Goten, sondern schaute zugleich voller Hoffnung nach Osten, wo mit Shapur II. der langjährige und kraftvolle Gegner und Opponent der Römer verstorben war. Mit seinem ab 383 amtierenden Nachfolger Shapur III. (383–388) nahm Rom ab 384 diplomatische Kontakte auf, die 387 in eine Einigung über die alte armenische Streitfrage mündeten; zwar mußten sich die Römer mit einer kleineren Herrschaftszone begnügen, konnten jedoch auf die in ihren Augen nun erfolgte Korrektur des schmachvollen Vertrages Jovians verweisen.

In der Zwischenzeit hatte sich im Westen die Lage nachhaltig verändert, da der Kaiser Gratian im August 383 bei dem erfolglosen Versuch, einer Usurpation Herr zu werden, ermordet worden war. Diese Usurpation hatte ihren Ausgang von Britannien genommen, wo der wie Theodosius I. ebenfalls aus Spanien stammende, vielleicht sogar in entfernter Verwandtschaft mit dem Kaiser stehende Truppenkommandant Magnus Maximus im Frühjahr 383 den Augustus-Titel angenommen hatte. Bereits im Herbst 383 regierte Maximus faktisch über Britannien, Spanien und Gallien, zumal der nur zwölfjährige Valentinian II. immer noch kein ernstzunehmendes Gegengewicht bildete. Immerhin widerstand der junge Kaiser dem Ansinnen des nun meist in Trier residierenden Maximus, ein gemeinschaftliches Regiment im Westen auszuüben, er erklärte sich aber 384 in Absprache mit Theodosius dazu bereit, die eigene Herrschaft auf Italien, Nordafrika und den westlichen Balkan zu beschränken; die legitimen Augusti beugten sich also für den Moment der Wirklichkeit und erkannten Maximus widerstrebend an. Als letzterer jedoch im Sommer 387 in Italien einmarschierte und der bis dahin zumeist in Mailand weilende Valentinian II. in den Ostteil ausweichen mußte, sah sich Theodosius I. zum Eingreifen veranlaßt. Im Sommer 388 nahm er ohne größere Mühen den Gegner bei Aquileia gefangen und ließ ihn hinrichten. Annähernd drei Jahre verbrachte Theodosius anschließend in Italien, und in diesen Zeitraum fällt die neben dem Gotenvertrag zweite Begebenheit von epochaler Bedeutung, an der Theodosius I. teilhatte, der sogenannte Bußakt von Mailand im Jahr 390; dessen längere Vorgeschichte führt uns nun wieder zurück auf das Feld der Kirchen- und Religionspolitik.

Bereits bei seinem Regierungsantritt hatte Theodosius durch die erwähnte Zurückweisung des *pontifex maximus*-Titels seine religionspolitische Grundrichtung vorgegeben, und am 27. Februar 380 erließ er in Thessalonike ein Edikt, das vor allem die Einheit aller Christen im Sinne der nicänischen Glaubensformel anstrebte (*Codex Theodosianus* 16,1, 2): „Alle Völker, welche unserer gnädigen Milde Leitung regiert, sollen nach unserem Willen in jenem Glaubensbekenntnis verharren, welches der göttliche Apostel Petrus, wie bis heute der von ihm verkündete Glaube dartut, den Römern überliefert hat ...; das heißt, daß wir gemäß der apostolischen

Unterweisung und der evangelischen Lehre glauben an des Vaters, des Sohnes und des Heiligen Geistes einzige Gottheit in gleichartiger Majestät und frommer Dreifaltigkeit." Wer dies akzeptiere, solle zu den katholischen Christen gezählt, der Rest aber als Häretiker bezeichnet werden. Und in einem weiteren Erlaß vom 10. Januar 381 heißt es dezidiert (*Codex Theodosianus* 16,5,6): „Kein Ort für Mysterien soll den Häretikern zur Verfügung stehen, keine Gelegenheit, um die Verrücktheit ihrer widerspenstigen Gesinnung auszuüben ... Der Name des einzigen und höchsten Gottes soll überall gefeiert werden; die Beachtung des nicänischen Bekenntnisses, das schon längst von unseren Vorfahren überliefert und durch das Zeugnis und die ausdrückliche Erklärung des göttlichen Glaubensbekenntnisses bekräftigt wurde und immer Bestand haben wird, muß eingehalten werden." Mit dieser unzweideutigen Formulierung, die auf dem Konzil von Konstantinopel noch im selben Jahr bestätigt und kirchlich abgesegnet wurde, avancierte das Christentum zur Staatsreligion.

Dessenungeachtet kam es in Italien erneut zu einer kraftvollen paganen Initiative, obwohl auch Gratian durch die ostentative Niederlegung der Tätigkeit und des Titels eines *pontifex maximus* sowie durch die symbolträchtige Entfernung des Altars der Siegesgöttin Victoria aus der Curia in Rom einen unmißverständlich antiheidnischen Kurs eingeschlagen hatte. Nach einem ersten vergeblichen Versuch der Intervention versuchten es nämlich die stadtrömischen, heidnischen Aristokraten nach dem Tode Gratians erneut, nun bei Valentinian II. die Rücknahme der letztgenannten Anordnung zu erreichen. Der hochberühmte Symmachus, im Jahre 384 Stadtpräfekt von Rom, trug zu diesem Anlaß seine dritte *relatio* vor, in welcher er mit der Größe der Vergangenheit argumentiert und die personifizierte Roma auftreten und zugunsten der alten Götter plädieren läßt (*rel.* 3,10): „Es ist billig, daß das, was alle Menschen verehren, als Eines angesehen wird. Wir sehen die gleichen Sterne, der Himmel ist uns gemeinsam, das gleiche Weltall schließt uns ein. Warum ist es so wichtig, nach welcher Lehre jeder die Wahrheit sucht? Man kann nicht nur

Abb. 6: Kontorniat mit Roma
Die mit erhöhtem Rand und vertiefter Randlinie (italienisch: contorno) versehenen spätantiken Kontorniaten sind von der heidnischen Aristokratie in Rom als Geschenk- und Gedenkmedaillons benutzt worden. Ihr Bildprogramm konzentriert sich auf alle wesentlichen Aspekte der heidnischen Tradition, und die Göttin Roma spielt dabei natürlich eine besonders prominente Rolle. Ihre Darstellung mit Schild und Zepter greift auf die frühkaiserzeitliche Ikonographie zurück.

auf einem einzigen Weg zu einem so erhabenen Geheimnis finden." Beinahe hätten die stilistisch geschliffenen Ausführungen des Symmachus das gewünschte Resultat erbracht, wenn nicht der ebenfalls mit allen (nicht nur rhetorischen) Wassern gewaschene Mailänder Bischof Ambrosius persönlich eingegriffen hätte. In seinem nicht minder brillanten (18.) Brief an Valentinian II. läßt auch er die Roma in eigener, nun freilich christlicher Sache sprechen: Viele Jahrhunderte lang sei unschuldiges Blut für heidnische Bräuche und Opfer vergossen worden, und dennoch hätten die Römer ungeachtet dieser Kultpraktiken schmachvolle Niederlagen nicht vermeiden können. Jetzt sei die christliche Wahrheit jedoch offenbar geworden, der sich niemand entziehen könne, denn, so läßt er Roma ausrufen (*ep.* 18,7): „Ich schäme mich trotz meines hohen Alters nicht, mich mit dem ganzen Erdkreis zu bekehren.

Es ist eine unumstößliche Wahrheit, daß man niemals zu alt ist, um zu lernen. Schämen sollte sich das Alter, welches sich nicht mehr bessern kann. Nicht die Reife der Jahre, sondern die des Charakters muß man preisen. Es ist keine Schande, sich dem Besseren zuzuwenden." Auf seine argumentative Kraft allein mochte sich Ambrosius freilich nicht verlassen, und so drohte er Valentinian II. überdies unverhüllt mit der Exkommunikation für den Fall, daß er den Bitten der Heiden entspräche und den Altar der Siegesgöttin wiederaufstellen ließe; folglich wies der Kaiser das Gesuch des Symmachus zurück.

Mit seiner Warnung, den Kaiser gegebenenfalls aus der Gemeinschaft der Kirche auszuschließen, demonstrierte Ambrosius, welche Mittel er als legitime Instrumente im Kampf um die richtige Sache ansah; daß die Frage, welche Sache denn die richtige sei, freilich zugleich eine Machtfrage sein konnte, sollte sich alsbald erweisen, nämlich in dem sogenannten Basilikenstreit von 385/86. Valentinian II. und seine Mutter Iustina beabsichtigten, mit arianischen Glaubensgenossen das Osterfest in einer außerhalb der Stadtmauern von Mailand gelegenen Kirche zu feiern. Obwohl der Kaiser formal im Recht war, gelang es Ambrosius durch die Mobilisierung der Mailänder Bevölkerung, diese Feier zu verhindern. Und in einem Schreiben an den Kaiser bestritt Ambrosius diesem überdies jegliche Kompetenz in Glaubensfragen – auf diesem Felde urteilten Bischöfe über die christlichen Kaiser, nicht etwa diese über Bischöfe! Die nächste Kraftprobe (388/89) resultierte aus einem Brandanschlag, den Christen auf die jüdische Synagoge im fernen Callinicum am Euphrat verübt hatten. Theodosius I. reagierte von Mailand aus mit Strafanordnungen, da die jüdische Religion unter dem Schutz des Staates stand, doch Ambrosius, der als Bischof von Mailand juristisch keinerlei Interventionskompetenz besaß, verlangte vom Kaiser ultimativ die Rücknahme dieser Sanktionen. Vor versammelter Gemeinde drohte Ambrosius wiederum mit schärfsten kirchlichen Maßnahmen, und tatsächlich gab Theodosius I. nach. Den Höhepunkt dieser Entwicklung markierte nun der bereits angesprochene Bußakt von Mailand im Jahr 390. Vorausgegangen waren blutige Zusammenstöße in Thessalonike, bei denen ein germanischer Heermeister den Tod gefunden hatte, und daraufhin hatte Theodosius I. den gotischen Truppen einen Racheakt zugestanden, der viele Opfer kostete, obgleich Ambrosius den Kaiser vorher massiv gewarnt und ihm von diesen Maßnahmen entschieden abgeraten hatte. Als Konsequenz des kaiserlichen Verhaltens übersandte Ambrosius dem Herrscher daher einen Brief mit dem Exkommunikationsbescheid. Nach geraumer Zeit lenkte Theodosius I. ein, tat öffentlich Buße und wurde am Weihnachtstag des Jahres 390 wieder in die Gemeinde aufgenommen. Der unbedingte Förderer des Christentums, der sogar das christliche Nicänum zur einzigen anerkannten Staatsreligion erhoben hatte, hatte mehrere Male im Büßergewand, ohne kaiserlichen Ornat, in der Mailänder Kirche auftreten müssen. Immer wieder hat man daher in der Wissenschaft von dem Weg gesprochen, der von Mailand nach Canossa geführt habe. Bei näherem Hinsehen verläuft die Linie keineswegs so gerade, wie sie auf den ersten Blick anmuten mag, da beispielsweise Ambrosius nicht daran gedacht hat, die Legitimation des Kaisers und sein Amt prinzipiell in Frage zu stellen. Gleichwohl treten hier erstmals in aller Deutlichkeit Spannungen und Kompetenzstreitigkeiten zwischen kaiserlichem Imperium und kirchlichem Sacerdotium auf, die weit über die Antike hinaus ins Mittelalter weisen.

Die unmittelbaren Folgen der Mailänder Vorkommnisse waren kaum weniger epochal. Sie bestanden im wesentlichen in der nun mit größter Schärfe geführten Fortsetzung antiheidnischer Bestrebungen in der Politik des Kaisers. Von Mailand aus verfügte Theodosius I. im Februar 391 gegenüber dem Stadtpräfekten von Rom ein kategorisches Verbot von heidnischen Opfern und Tempelbesuchen. Und nachdem Theodosius zwischenzeitlich nach Konstantinopel zurückgekehrt war, wurde von dort per Erlaß am 8. November 392 explizit allen Bewohnern des Imperium Romanum die heidnische Kultausübung untersagt. Ob diese Anordnung nur religionspolitisch oder nicht vielleicht auch herrschaftspolitisch motiviert war, muß dahingestellt bleiben, denn seit dem August 392 amtierte mit Flavius Eugenius im Westen ein Usurpator, der eine Renaissance des Heidentums beförderte. Valentinian II. nämlich war, von seinem fränkischen Heermeister Arbogast gedemütigt und massiv unter Druck gesetzt, im gallischen Vienne erhängt aufgefunden worden (15. Mai 392), und Arbogast hatte daraufhin den Rhetor Eugenius zum Augustus erheben lassen. Dieser war zwar nominell Christ, sympathisierte jedoch mit dem Heidentum, dessen führende stadtrömische Vertreter, Symmachus und Nicomachus Flavianus, noch einmal für kurze Zeit das Rad der (Religions-)Geschichte zurückdrehen und nun sogar für die Wiederaufstellung des Victoria-Altars im Senatsgebäude sorgen konnten. Theodosius verweigerte Eugenius die Anerkennung und demonstrierte dies auch dadurch, daß er zusätzlich zu seinem älteren Sohn Arcadius, der bereits seit 383 den Augustus-Titel trug, nun im Januar 393 auch seinen erst neunjährigen Sohn Honorius mit der Augustuswürde versah.

Als Theodosius im Sommer 394 erneut nach Westen gegen einen Usurpator ziehen mußte, hat man wohl bereits damals in der anstehenden Auseinandersetzung mehr gesehen als nur eine der längst üblich gewordenen Entscheidungen zwischen einem Kaiser und seinem Widersacher. Im Nachhinein jedenfalls ist dieser Kampf zum ‚letzten Gefecht' zwischen Christentum und Heidentum stilisiert worden. Diese Einschätzung trifft insofern zu, als Eugenius tatsächlich der letzte dezidiert proheidnische Kandidat für den römischen Kaiserthron gewesen ist, sie führt freilich auch ein Stück in die Irre, denn das Heidentum war nach der Niederlage des Eugenius keinesfalls verschwunden, pagane Kulte wurden vielmehr in Italien, Gallien und den Alpenregionen noch bis ins 6. Jahrhundert hinein ausgeübt. Es wirft ein bezeichnendes Licht auf den Zustand der *romanitas* am Ende des 4. Jahrhunderts, daß Theodosius I. für die rechte Sache und das legitime Kaisertum mit einem Heer focht, welches ein buntes Völkergemisch darstellte. Große Kontingente zu dem Aufgebot gegen Eugenius steuer-

Abb. 7: Diptychon der Nicomachi und der Symmachi: Tafel der Symmachi. Ähnlich wie die Kontorniaten (Abb. 6) dienten auch die kostbaren Elfenbeindiptychen in der Spätantike der heidnischen Elite zur Bekräftigung ihres Selbstverständnisses. Von dem wohl zwischen 388 und 394 verschenkten Diptychon ist hier die Tafel der Symmachi abgebildet, mit einer Priesterin, die eine Opferhandlung vornimmt. Die Eichengirlande des Altars und die Eiche weisen auf Jupiter, die Efeubekränzung von Priesterin und Opferdienerin sowie der Becher auf den Weingott Liber bzw. Bacchus.

ten Hunnen und Germanen bei, die Goten stellten gar zwanzigtausend Mann, wahrscheinlich unter Führung des Alarich, der wenige Jahre später als Eroberer und Plünderer Roms zweifelhafte Berühmtheit erlangen sollte. Am Flüßchen Frigidus (Wippach), an der Nahtstelle zwischen Dalmatien und Italien, entschied sich am 5./6. September 394 das Schicksal des Eugenius, dessen fränkischer Heermeister Arbogast am 8. September Selbstmord beging; Eugenius war schon zwei Tage zuvor getötet worden.

Theodosius I. herrschte nun wieder als alleiniger Machthaber über das Imperium Romanum, denn seinen beiden Söhnen kam als Augusti vor allem die Funktion der Dynastiesicherung zu. Gewiß nicht abzusehen war damals, daß Theodosius I. als letzter römischer Augustus dem Gesamtreich vorstand, und allen späteren Versuchen, in seiner Nachfolgeordnung bereits die Intention zur Reichsteilung zu sehen, muß entschieden begegnet werden. Denn als der Kaiser im Herbst 394, kurz nach dem Triumph am Frigidus, schwer erkrankte und Honorius sowie dessen Stiefschwester Galla Placidia nach Mailand beorderte, um seinen Sohn dort als Herrscher des Westens zu installieren, da beabsichtigte er keineswegs eine Teilung zwischen Westreich und Ostreich (unter dem in Konstantinopel verbliebenen Arcadius). Zwar besitzen wir keine expliziten Aussagen des Theodosius zu seinen langfristigen Sukzessionsvorstellungen, aber der wichtigste Text, ein Abschnitt aus der Leichenrede des Bischofs Ambrosius zu Ehren des am 17. Januar 395 verstorbenen Kaisers, macht deutlich, daß dieser ein Testament im juristischen Sinne zwar nicht hinterlassen, wohl aber beide Söhne der Sorge nur eines väterlichen Ratgebers anvertraut hat, seines Heermeisters Stilicho. Und auch der Kirchenhistoriker Orosius sagt ausdrücklich (7,36,1): Arcadius und Honorius „begannen eine gemeinsame Herrschaft (*commune imperium*) nur an verschiedenen Aufenthaltsorten auszuüben." Am ehesten dürfte Theodosius folglich eine von Kollegialität und gegenseitiger Kooperation geprägte Zweikaiserherrschaft nach dem Vorbild des gemeinsamen Imperiums von Valentinian I. und Valens

Abb. 8: Basis des Theodosius-Obelisken aus Konstantinopel.
Auch der christliche Kaiser Theodosius I., der die christliche Religion nicänischer Prägung zur römischen Staatsreligion erhob, konnte sich der Wirklichkeit nicht verschließen: Wenn Wagenrennen stattfanden, blieben die Kirchen leer, und die Wagenlenker waren die eigentlichen Stars und Lieblinge der Bevölkerung von Konstantinopel. Das Relief zeigt oben Theodosius I. mit Honorius, Arcadius und Valentinian II. als Zuschauer im Hippodrom, unten Geschenke bringende Barbaren.

vorgeschwebt haben. Daß es letztlich anders gekommen ist, besagt nichts über die Absichten der Protagonisten und die tatsächliche Lage im Jahre 395. Es ist daher nur ein scheinbares Paradoxon, wenn hier eine definitive Reichsteilung für 395 in Abrede gestellt, gleichwohl aber im Folgenden die Schlußphase der Antike in zwei nach Westreich und Ostreich getrennten Kapiteln behandelt wird. Denn die Wirklichkeit der nach dem Tode Theodosius' I. sich verstärkenden Desintegration machte den zunächst noch ungebrochenen Anspruch auf die fortbestehende Einheit des römischen Reiches zunehmend zur Illusion, und so erscheint der hier gewählte Weg einer zweigegliederten Darstellung der nachtheodosianischen Zeit nicht nur aus pragmatischen Gründen sinnvoll, sondern auch sachlich vertretbar.

8. Von Theodosius I. zu Theoderich (395–526): Das Ende des Westreiches

Im Jahr 551 verfaßte der in lateinischer Sprache schreibende Jordanes, ein Historiker gotischer Herkunft, seine Gotengeschichte und resümiert darin die Ereignisse nach 395 aus seiner Sicht (*Getica* 29,146): „Nachdem aber Theodosius, welcher den Frieden und das Gotenvolk liebhatte, aus dem irdischen Leben geschieden war, begannen seine Söhne durch ihr üppiges Leben beide Reiche zugrunde zu richten und ihren Hilfsvölkern, das heißt den Goten, die gewohnten Geschenke zu entziehen. Darauf wurden die Goten ihrer überdrüssig, und da sie fürchteten, ihre Tapferkeit in der langen Friedenszeit einzubüßen, machten sie den Alarich zum König über sich ... Sobald daher der besagte Alarich zum König gewählt worden war, beriet er sich mit den Seinigen und schlug ihnen vor, lieber durch eigene Arbeit Reiche zu erobern, als Fremden in Ruhe untertan zu sein." Jordanes gehört zu denen, die wußten, wie die Dinge sich weiterentwickelt hatten, daher spricht er auch bereits von „beiden Reichen", das heißt vom West- und Ostreich, welche die beiden Theodosiussöhne Arcadius und Honorius zugrunde gerichtet hätten. Wenn er dieses mit ihrer beider Vorliebe für eine luxuriöse Lebensführung motiviert, so entspricht das dem üblichen moralisierenden, personenzentrierten Charakter der spätantiken Geschichtsschreibung und trägt zur objektiven Ursachenanalyse nur wenig bei. Signifikant ist jedoch die Freiheit, die Jordanes den Goten bei ihrer Zukunftsplanung attestiert, denn die Römer scheinen gar keine wesentliche Rolle mehr zu spielen. Mag dies auch übertrieben sein, so spiegelt sich darin und in seinem gesamten Bericht doch noch die Tatsache, daß Alarich und die Westgoten das alles überragende Problem für die weströmische Herrschaft in den Jahren nach 395 darstellten.

Der maßgebliche Gegenspieler Alarichs und Repräsentant der römischen Zentral- und Kaisergewalt war – und auch dies ist bezeichnend – kein echter Römer, sondern der Vandale

Flavius Stilicho. Dieser bekleidete seit Anfang der 390er Jahre das Heermeisteramt, und überdies war er durch seine Ehe mit Serena, der Nichte von Theodosius I., dem Kaiserhaus eng verbunden. Diese dynastischen Bande wurden nach dem Tod des Kaisers noch verstärkt, indem Stilicho seine Tochter Maria und nach deren Tod seine zweite Tochter Thermantia mit Honorius verheiratete. Als Schwiegervater des jugendlichen Kaisers und noch von Theodosius I. eingesetzter Ratgeber und Tutor spielte Stilicho bis zu seinem Tod im Jahr 408 die dominierende Rolle im Westen.

Seine Hauptsorge mußte der Frage gelten, auf welche Weise den Goten beizukommen war, zumal die vertraglichen Regelungen mit dem Tod von Theodosius I. keinen Bestand mehr besaßen und der Erneuerung bedurft hätten, doch offensichtlich waren weder die Römer noch die Goten zum Abschluß eines neuen Foedus bereit. Schließlich hatte Alarich, der wahrscheinlich seit dem Jahr 391 formell als König der Westgoten zu gelten hat, schon in ebendiesem Jahr 391 durch sein eigenmächtiges Ausgreifen aus dem Balkanraum nach Süden die Bedingungen des theodosianischen Vertrages von 382 verletzt. Doch Theodosius war stets auf die Hilfe der Goten angewiesen gewesen und hatte somit Alarich und seine Leute in sein eigenes Aufgebot gegen den Gegenkaiser Eugenius integriert. Stilicho schickte nun jedoch Alarich im Frühjahr 395 zurück gen Osten, was dieser zum Anlaß für gründliche Plünderungen in Illyrien und Dalmatien nahm. Da überdies angesichts hunnischer Einfälle nach Thrakien den Goten ein Verbleib in den ihnen zugewiesenen Gebieten immer weniger ratsam erschien, verließen sie den Donauraum und zogen nach Konstantinopel, wo Alarich von dem dortigen starken Mann, dem Prätorianerpräfekten Rufinus, möglicherweise mit der Heermeisterposition für Illyricum, auf jeden Fall aber mit hohen Geldsummen ausgestattet wurde. Als Gegenleistung machte Alarich mit seinen Goten wieder kehrt und zog nach Griechenland, wo er im Sommer 395 auf das Aufgebot des ihm nachgezogenen Stilicho traf. Nach monatelangem, gegenseitigem Belauern gingen beide Heere im Herbst 395, ohne daß es zu einer Schlacht gekommen wäre, auseinander, da Kaiser Arcadius seine noch unter Stilichos Kommando stehenden oströmischen Truppenteile aus dem früheren Aufgebot gegen Eugenius nach Konstantinopel zurückrief und Stilicho mit den wenigen ihm verbliebenen Soldaten nach Italien zurückmarschierte. Für Alarich bildete diese Entwicklung geradezu eine Einladung zur ausgiebigen Plünderung Griechenlands, und er ließ sich nicht zweimal bitten. Über ein Jahr lang, bis zum Frühjahr 397, trieben die Goten erst in Mittelgriechenland, danach in Attika und auf der Peloponnes ihr Unwesen; Athen bewahrte sich durch Zahlung reicher ‚Schutzgelder' vor der Plünderung, Eleusis, Korinth, Argos und Sparta entgingen jedoch nicht der Brandschatzung. Inzwischen hatte Stilicho neue Truppen rekrutiert (in erster Linie durch die Aufnahme rheingermanischer Einheiten), und im Frühjahr 397 landete er an der Küste der Peloponnes. In der Nähe von Olympia gelang ihm die Umzingelung der Goten, doch wieder einmal verzichtete Stilicho ohne eindeutig erkennbaren Grund auf die entscheidende militärische Auseinandersetzung. Möglicherweise hing dies mit den zwischen Konstantinopel und dem Westen herrschenden Unstimmigkeiten wegen Stilichos Operationen in den eigentlich zum Ostreich gehörenden Territorien zusammen, jedenfalls wurde Stilicho noch im Jahr 397 förmlich zum Staatsfeind (*hostis publicus*) der (Ost-)Römer erklärt und damit ein deutliches Zeichen für eine sich anbahnende, unwiderrufliche Spaltung des Imperium Romanum gesetzt. Alarich nutzte mit bemerkenswerter Virtuosität diesen innerrömischen Dissens und spielte nach Belieben die eine gegen die andere Seite aus; nach dem Abzug Stilichos aus Griechenland verlagerte er seine Aktivitäten in das östlich der Adria gelegene Gebiet (Epirus), und er übte auf diese Weise beträchtlichen Druck auf Arcadius aus, der schließlich keinen anderen Ausweg sah, als erneut – wie seinerzeit schon Theodosius I. im Jahr 382 – den Versuch zu unternehmen, durch vertragliche Bindungen die Gegner mit dem Status privilegierter Verbündeter zu versehen. Im Zuge dieses 397 abgeschlossenen Foedus erlangte Alarich –

wohl zum zweiten Mal – den Posten eines illyrischen Heermeisters, ferner wies Arcadius den Goten neues Siedlungsland in Makedonien zu.

Einige Jahre lang sorgten diese Regelungen für eine gewisse Beruhigung der Situation im Balkangebiet, die Stilicho unter anderem zur Niederschlagung der seit 386 von einem hohen römischen Befehlshaber, dem *comes Africae* Gildo, geführten Rebellion in Nordafrika, einer der wichtigsten Kornkammern Roms, nutzen konnte. Doch im Jahre 401 begaben sich die westgotischen Foederaten unter Alarich wieder auf Westwanderung und marschierten nach Italien ein. Als sie gar vor den Toren der Kaiserresidenz in Mailand auftauchten, brachen apokalyptische Visionen bei den Römern aus. Der Dichter Claudian (ca. 370 bis nach 403), gewissermaßen der Hauspoet Stilichos, dem er unter anderem mehrere Panegyrici widmete, beschreibt in seinem Epos „Über den Gotenkrieg", daß in Italien Vogelflug, Blitz und Donner sowie Mondfinsternisse als Indizien des nahenden Unterganges gedeutet wurden. Zwar vermochte Alarich Mailand nicht einzunehmen, aber Etrurien und Oberitalien wurden von den marodierenden Goten heimgesucht, bis Stilichos vor allem aus Alanen bestehendes Heer am 6. April 402 bei Pollentia die Goten zum Rückzug zwingen und ihnen im Sommer 402 bei Verona eine deutliche Niederlage zufügen konnte. Erneut nahmen die Goten daraufhin ihnen zugewiesenes Siedlungsland im Balkangebiet in Besitz und beschränkten sich unter dem nun vom Westkaiser Honorius zum Heermeister beförderten Alarich in der Folgezeit auf gelegentliche Beutezüge durch Illyrien.

Für den unter dem Eindruck der gerade überstandenen Gefahren von Mailand nach Ravenna umgesiedelten westlichen Kaiserhof bot Alarichs Zurückdrängung aus Italien freilich keine echte Verschnaufpause, denn in nahezu allen Grenzregionen drohte inzwischen die Erosion des weströmischen Reiches unaufhaltsam voranzuschreiten. In Britannien erfolgten gleich mehrere Usurpationen, von denen sich diejenige des Soldaten Constantinus (III.) als die langlebigste erweisen sollte (407–411); in Gallien und Germanien tauchten 406/7 Vandalen, Sueben und Alanen auf, und Ende 405/Anfang 406 konnte nur mit größter Mühe ein Einfall von Ostgoten (unter Radagais) nach Italien gestoppt werden. Hinzu kam, daß Stilicho gegenüber Konstantinopel einen scharfen Konfrontationskurs verfocht und dabei auch Alarichs Westgoten für seine Zwecke zu instrumentalisieren suchte. Dieses Konzept ging jedoch nicht auf, und so griff Alarich im Frühjahr 408 wieder zu dem probaten Mittel einer Expedition nach Westen, um Honorius unter Druck zu setzen und gewaltige Subsidienzahlungen erpressen zu können. Als Stilicho trotz dieser angespannten Situation den Tod des Kaisers Arcadius in Konstantinopel (1. Mai 408) zu nutzen suchte, um dort persönlich eingreifen und vielleicht sogar die Reichseinheit unter seiner Ägide wiederherstellen zu können, kippte die Stimmungslage in der weströmischen Residenzstadt Ravenna. Die Truppen rebellierten, Honorius ließ seinen wichtigsten Politiker und Militär fallen, und so gab es ein Blutbad, dem auch Stilicho zum Opfer fiel (22. August 408).

Das Ende Stilichos markiert zweifelsohne einen Einschnitt in der weströmischen Geschichte. Erstmals waren die Gräben zwischen Mailand bzw. Ravenna und Konstantinopel so tief geworden, daß faktisch mit einem dauerhaften Schisma gerechnet werden mußte. Ferner zeigte sich in aller Deutlichkeit der zunehmende Autoritätsverlust der Kaiser, denn faktischer Machthaber im Westen zwischen 395 und 408 war Stilicho gewesen, und ihm sollten im 5. Jahrhundert noch etliche germanische Heermeister als Kaisermacher und Kaiservernichter folgen. Schließlich symbolisiert auch die von Stilicho angeordnete Verbrennung der sibyllinischen Bücher – jener uralten legendenumwobenen Weissagungsliteratur – in Rom einen scharfen Bruch mit dem traditionellen Erbe. Einst waren diese Weissagungen von Augustus auf dem Palatin im Apollontempel deponiert worden als „Schicksalsgeheimnis" des römischen Volkes (Vergil, *Aeneis* 6,72). Nun war nicht nur die einst von Augustus für die Kurie gestiftete Victoria-Statue, sondern auch eine zweite ideelle Säule imperialer römischer Herrschaft verschwunden. Gar mancher Zeitgenosse mag hierin das Menetekel nahenden Unglücks gesehen haben, und in der Tat ließ dieses nicht lange auf sich warten.

Denn die mit der Ermordung Stilichos verbundene, wenn auch nur kurzfristige antigermanische Wendung des weströmischen Hofes verschärfte die Spannungen mit Alarich in erheblichem Maße. Dieser reagierte auf die Weigerung von Honorius, seine Forderungen zu erfüllen, mit einer erneuten Invasion Italiens, die ihn dieses Mal ohne größeren Widerstand bis vor die Tore Roms führte. Im Herbst 408 wurde ‚das Haupt der Welt' eingeschlossen und von jeglichem Nachschub abgeschnitten. Mit Hungerkrisen, Seuchen und Ängsten brachen daraufhin in Rom erneut die alten Debatten aus. Rächten sich nun die verlassenen alten Gottheiten an der untreu gewordenen Stadt? Sogar dem Bischof von Rom, Papst Innozenz I., wurde nachgesagt, mit derartigen Gedanken gespielt und gar Konzessionen gegenüber den Heiden erwogen zu haben. Alarich dürften derlei Erwägungen ziemlich gleichgültig gewesen sein, er verhandelte mit der geknebelten Stadt um Handfesteres: um Gold, Silber, Seide, Pelze und Gewürze. Nach der Erfüllung seiner exorbitanten Wünsche zog er Ende 408 schwer beladen nach Etrurien ab, von wo aus jederzeit ein erneuter Zug nach Rom möglich schien. Ende 409 war es dann wieder soweit, und schließlich kam es im Sommer 410 im Zuge eines dritten Marsches nach Rom zur denkwürdigen Einnahme der Urbs. Vom 24. August 410 an plünderten Alarich und seine Leute die Stadt drei Tage lang und ließen dann eine konsternierte Bevölkerung zurück. Mehr noch als das Desaster von 378 bei Adrianopel hat der ‚Fall Roms' im Jahre 410 die Zeitgenossen erschüttert und christliche wie heidnische Apologeten auf den Plan gerufen. Den ausführlichsten und nachhaltigsten Beitrag zu der neuentbrannten Diskussion hat Aurelius Augustinus (354–430) mit seinem monumentalen Werk über den „Gottesstaat" (*De civitate dei*) geliefert, in welchem der *Sacco di Roma* in einen heilsgeschichtlichen Zusammenhang eingeordnet wird. Jedes irdische Geschehen sei allein vom Willen Gottes abhängig, entscheidend sei aber ohnehin nur die ewige Seeligkeit jenseits der *civitas terrena*.

Auch der spanische Christ Orosius insistiert in seiner von Augustinus angeregten, anti-paganen Weltgeschichte auf dem Gedanken, die Plünderung Roms sei nur einer von vielen Unglücksfällen in der langen römischen Geschichte, der folglich nicht den Christen anzulasten sei. Den Heiden wiederum blieb nichts anderes als der Glaube an die Idee der *Roma aeterna*, die stets ihr Haupt auch nach Nackenschlägen wieder stolz habe erheben können. So formulierte es erneut und programmatisch Rutilius Namatianus im frühen 5. Jahrhundert: „Das Prinzip der Wiedergeburt ist es, im Unglück wachsen zu können. Auf also, endlich möge das Opfer des schändlichen Volkes fallen. Zitternd sollen die Goten den treulosen Nacken beugen. Reiche Steuern sollen befriedete Gegenden geben. Barbarenbeute möge den kaiserlichen Schoß füllen" (*De reditu suo* 1,140–144). Den Goten freilich stand nach ganz anderem der Sinn als nach Unterwerfungsgesten – eher sollten die Römer sich zu derartigen Handlungen verstehen. Wie es um das Ansehen des vermeintlichen Triumphators über alle Barbaren bestellt war, verdeutlicht denn auch eine gewiß legendäre, aber durchaus vielsagende Anekdote aus dem 6. Jahrhundert. Der griechische Historiker Prokop von Caesarea (ca. 500–nach 555) berichtet in seinem „Vandalenkrieg", dem Kaiser Honorius habe vor allem seine Hühnerzucht am Herzen gelegen, insbesondere das Wohlergehen seines Lieblingshuhns namens Roma. Als ihm die Nachricht vom Ende Roms überbracht worden sei, sei er in laute Klagen ausgebrochen und erst wieder zur Ruhe gekommen, als ihm klar gemacht worden sei, daß nur die Stadt, nicht aber das Huhn gefallen wäre.

Solche Gegner sucht man immer gern wieder auf, und so bedeutete auch der Tod Alarichs noch im Jahre 410 keineswegs das Ende der Gotengefahr in Italien. Denn über Alarichs Nachfolger Athaulf weiß Jordanes (unglaubwürdig, aber bezeichnend) zu berichten (*Getica* 31,159): „Nach der Herrschaftsübernahme kehrte er wieder nach Rom zurück. Was etwa von der ersten Heimsuchung übriggeblieben war, das schor er nach Heuschreckenart kahl ab. Und nicht nur beraubte er in Italien alle Privatleute ihrer Besitztümer, sondern er nahm auch die des Staates weg, ohne daß der Kaiser Honorius irgendwie vermocht hätte, ihm zu widerstehen."

Es waren freilich keineswegs die Goten allein, die der nachstilichonischen Phase der noch bis zum Jahr 423 fortdauernden Regierung des Honorius ihren Stempel aufdrückten. Eine Reihe von Usurpationen, die regelmäßig mit Barbareninvasionen und Koalitionswechseln foederierter Völkerschaften einhergingen, prägten das zweite Jahrzehnt des 5. Jahrhunderts. Constantinus (III.), der seine Gegenherrschaft von Britannien über Gallien bis nach Spanien hatte ausdehnen können, starb im Jahr 411; in Gallien erhob sich mit Hilfe von Burgundern und Alanen der Aristokrat Iovinus, scheiterte jedoch bereits 412, als Athaulf ihm seine Sympathien entzog; Heraclianus schließlich, der Mörder Stilichos, *comes Africae* und anscheinend an höheren Aufgaben interessiert, unternahm im Jahr 413 einen Einmarsch nach Italien, erlitt jedoch nach einer Niederlage den Tod durch Hinrichtung in Karthago. Die beiden dominierenden Gestalten in den Wirrnissen dieser Jahre waren der Gote Athaulf und der neue Heermeister des Honorius, Flavius Constantius. 412/13 verließen die Goten Italien und zogen in das südliche Gallien, wo sie unter anderem die ruhmreichen alten Städte Massilia (Marseille), Burdigala (Bordeaux) und Narbo (Narbonne) okkupierten. Honorius sah sich zu erneutem Ausgleich mit den Goten gezwungen und gab Athaulf überdies seine Halbschwester Galla Placidia zur Frau. Athaulf jedoch wurde noch im Jahr 415 ermordet, und dem Heermeister Constantius gelang 416 ein Sieg über die unter ihrem neuen König Valia kämpfenden Goten, was ihm unter anderem die Eheschließung mit der frisch verwitweten Galla Placidia einbrachte; aus dieser Ehe stammte der spätere, dreißig Jahre lang die Augustuswürde bekleidende Kaiser Valentinian III. (425–455). Im Jahr 418 schließlich wies Constantius den Westgoten (nun, nach Valias Tod, unter ihrem neuen König Theoderid) Siedlungsland in Südgallien an und legte somit die Grundlage für das *regnum Tolosanum*, das erste dauerhafte, nichtrömische Reichsgebilde auf römischem Territorium. Die Goten erhielten die Gebiete der vorherigen Provinz Aquitania Secunda sowie Teile der benachbarten Provinzen Narbonensis Prima und Novempopulana, darunter die Stadt Tolosa (Toulouse). Diesem tolosanischen Reich kommt große Bedeutung zu im Rahmen der Transformation des spätantiken Okzidents, die zur Etablierung germanischer Nachfolgereiche der Römer führte und dabei zumindest teilweise römisches Erbe bewahrte. Bis zum Jahre 507, als die Franken unter Chlodwig die tolosanischen Goten besiegten und ihr südgallisches Herrschaftsgebiet zerstörten, hatten letztere ihr ursprüngliches Foederatengebiet zu einem gallisch-spanischen Reich ausgeweitet, das unter dem König Eurich (466–484) seine Blütezeit erlebte. Bleibende, weit über die Antike ins Mittelalter hinausführende Leistungen dieser Zeit waren die Kodifizierung des geltenden (römischen) Vulgarrechts und die Kirchenpolitik. Zwar gab es anhaltende Widerstände seitens der spätrömisch-senatorischen Aristokraten, die nun teilweise als Bischöfe weiterhin soziopolitisch bedeutende Führungspositionen bekleideten, aber teilweise gelang den Goten sogar die Integration dieser alten Eliten in ihre neue Administration und die Schaffung einer gotisch-römischen Kirchenorganisation.

Doch zunächst zurück zu den letzten Jahren des Kaisers Honorius, der zumindest theoretisch den überkommenen universalen Herrschaftsanspruch aufrechterhielt, trotz der sich unverkennbar beschleunigenden Erosion des westlichen Reichsverbandes. So wird in Chroniken des 5. Jahrhunderts und der Historiographie des 6. Jahrhunderts der endgültige Verlust Britanniens ebenfalls in die Regierungszeit des Honorius datiert. Mag dies vielleicht auch erst in den 30er oder Anfang der 40er Jahre definitiv der Fall gewesen sein, so war die Zugehörigkeit Britanniens zum Herrschaftsgebiet des Honorius zweifellos allenfalls sporadischer Natur. Der letzte Garant einer nur noch prekären Reichseinheit, der Heermeister Constantius, erhielt zwar noch im Februar 421 den Rang eines Augustus, und seine Frau Galla Placidia avancierte zur Augusta, doch bereits im Herbst 421 starb der neue Kaiser

Constantius III., und als auch Honorius im August 423 der Tod ereilte, gab es keine geregelte Nachfolge. Theoretisch wäre nun der Weg frei gewesen für einen erneuten Versuch, die Reichseinheit zwischen West und Ost wiederherzustellen, doch de facto war dies keine realistische Perspektive mehr. Nach einem kurzen Interregnum und einer in Rom begonnenen Usurpation des Funktionärs Johannes (November 423 bis Juni 425) übernahm daher mit Hilfe aus Konstantinopel der 419 geborene Sohn von Constantius III. und Galla Placidia, Valentinian III., nominell die Herrschaft (am 23. Oktober 425), realiter gaben aber – neben seiner Mutter – wieder die Heermeister den Ton an. Bis 430 war dies Flavius Felix, von 433 an bis zum Jahre 454 der (ausnahmsweise nicht germanische) aus Moesien stammende Flavius Aëtius. Der dritte im Bunde war der Militärbefehlshaber Africas, Bonifatius, der zeitweilig mit Aëtius um das Heermeisteramt rivalisierte, aber 432 starb. Die lange, dreißigjährige Regierungszeit Valentinians III. suggeriert auf den ersten Blick die Renaissance einer stabilen Herrschaft, tatsächlich jedoch ging der Zerfall des Reiches weiter voran. So gebührt besagtem Bonifatius das zweifelhafte Verdienst, die seit 409 in Spanien hausenden Vandalen nach Africa eingeladen zu haben, in der trügerischen Hoffnung, mit vandalischer Hilfe seine Position behaupten und seine Erwartungen am kaiserlichen Hof durchsetzen zu können. Als die Vandalen 429 in Africa auftauchten, verfolgten sie freilich genuin eigene Interessen. Zwar erhielten sie im Zuge eines 435 abgeschlossenen Foedus Siedlungsgebiete zugewiesen, gleichwohl drangen sie 439 in die Provinz Africa Proconsularis ein, eroberten Karthago und etablierten ein Reich, das erst im 6. Jahrhundert von Belisar, dem Feldherrn Justinians, unterworfen werden sollte. In Spanien hatten die Sueben große Teile des Landes in Besitz genommen, und im Norden und Westen vermochten Franken, Alanen und Burgunder ihre territorialen Ansprüche gegen den Kaiserhof durchzusetzen. Dort, wo Aëtius militärisch eingreifen konnte, tat er es in erster Linie mit foederierten Hunnen, zum Beispiel gegen die bei Worms ansässigen Burgunder; die spätere Nibelungensage geht auf diese Begebenheiten Mitte der 430er Jahre zurück. Doch auch mit den Hunnen verhielt es sich nicht anders als seinerzeit mit den Westgoten: Als gute Geister gerufen, entpuppten sie sich bald als keineswegs nur gut, und los wurde man sie auch nicht wieder. Mit den ihnen von Aëtius konzedierten Landstücken in Pannonien gaben sie sich nicht lange zufrieden, und so machten sie sich unter ihrem König Attila im Jahr 451 auf nach Westen. Der Expedition schlossen sich zahlreiche Völkerschaften an, und so kam es 451 auf den Katalaunischen Feldern (zwischen Troyes und Chalons-sur-Marne) zu einer denkwürdigen Schlacht, in der Aëtius mit seinem ähnlich bunt zusammengewürfelten Heer knapp die Oberhand behielt; die abziehenden Hunnen zogen marodierend durch Oberitalien zurück in das Theiß-Gebiet, wo nach Attilas Tod (453) alsbald ihre nur locker zusammengehaltene Herrschaft zerfiel.

Kaum vor dem Jahr 437, als er die Tochter des oströmischen Kaisers Theodosius II., Licinia Eudoxia, heiratete, griff Valentinian III. selbst aktiv und sichtbar in das reichspolitische Geschehen ein. So wäre es auch verfehlt, ihm die Urheberschaft für das berühmte sogenannte Zitiergesetz vom Jahr 426 zuzuschreiben. Dieser vielmehr auf Initiative der Galla Placidia verabschiedete Erlaß, welcher klare Normen zur Gültigkeit des klassischen Juristenrechts formulierte, gehört in den Kontext der bedeutenden spätantiken Bemühungen um eine Bereinigung widersprüchlicher Rechtssatzungen, die vor allem von der östlichen Kanzlei vorangetrieben wurden und zur Publikation der spätantiken Gesetzeskodifikationen führten.

Die relativ hohe Zahl der im Namen Valentinians III. ergangenen, im *Codex Theodosianus* gesammelten Verordnungen zeugt denn auch eher von verzweifelten Rettungsanstrengungen des Hofes in Ravenna als von einer tatkräftigen Reichszentrale. Die einzige individuelles Engagement dokumentierende Tat Valentinians III. schließlich erwies sich als verhängnisvoll. In der Absicht, die eigene Position stärker zur Geltung zu bringen, entledigte sich der Kaiser nämlich auf hinterhältige Art eigenhändig des Aëtius (September 454) und schlug so, wie es im 6. Jahrhundert Prokop kolportiert (*Bellum Vandalicum* 1,4,28), mit der Linken seine Rechte ab. Aëtius war nicht nur der fähigste Feldherr des Kaisers gewesen, sondern auch der wichtigste Verbindungsmann des römischen Kaiserhofes zu den nichtrömischen Foederaten, der kraft persönlicher Autorität zumindest für eine gewisse Stabilität auf diesem hochproblematischen Gebiet hatte sorgen können. Nun rumorte es erst recht bei den Foederaten, in Dalmatien sagten sich die Truppen von Valentinian III. los, und am 16. März 455 erschlugen zwei Gefolgsleute des Aëtius den Kaiser. Sein erster Nachfolger wurde in Rom der Senator Petronius Maximus, der jedoch infolge einer durch die Ermordung des Aëtius provozierten neuen Vandaleninvasion, die zu einer erneuten Heimsuchung Roms und dem Erlebnis des seither sprichwörtlichen Vandalismus führte, noch im Sommer 455 ein schnelles Ende fand. Der nächste in der Reihe war Avitus, Angehöriger der senatorischen Aristokratie in Gallien und Heermeister des Petronius Maximus. Auch seine kurze Herrschaft (9. Juli 455 bis Spätherbst 456) stand im Zeichen fortgesetzter Plünderungstouren, welche Geiserich mit seinen Vandalen regelmäßig von Nordafrika aus nach Italien unternahm. Erst Flavius Rikimer, aus vornehmsten suebisch-westgotischen Kreisen stammend, errang im Jahr 456 Siege gegen die Vandalen und wurde sofort von Avitus mit dem Posten eines Heermeisters belohnt. Bis zu seinem Tod (19. August 472) bestimmte künftig Rikimer in der Nachfolge von Stilicho und Aëtius maßgeblich die Geschicke des dezimierten weströmischen Reiches. Sein erstes Opfer sollte sein Mentor werden: Da Avitus die Anerkennung von Konstantinopel als Augustus versagt und er überdies in Italien unpopulär blieb, hielt Rikimer es für ratsam, ihn aus dem Weg zu räumen. Vier Jahre lang regierte nun der Offizier Maiorian als Augustus von Rikimers Gnaden (457–461), bis der Heermeister auch diesem wieder seine Sympathien entzog, ihn ermorden und durch den italischen Senator Libius Severus ersetzen ließ (461–465). Diesem scheint ein von Rikimer bereiteter Schierlingsbecher als Abschiedstrunk vorgesetzt worden zu sein, und der nun nach längerer Kandidatensuche zum Augustus proklamierte Anthemius (467–472) besaß in Rikimers Augen immerhin den Vorzug, von Konstantinopel unterstützt zu werden, so daß nun auf oströmische Hilfe spekuliert werden konnte, die in Ravenna und Rom die letzte Hoffnung gegen die Barbaren darstellte. Denn nahezu jährlich hatte man in Italien weiterhin Übergriffe der Vandalen erleiden müssen, und überdies war das afrikanische Getreide von geradezu lebenswichtiger Bedeutung für das verbliebene italische Kernland. Im Jahre 468 fand denn auch der letzte gemeinsam von beiden Reichshälften unternommene Kriegszug gegen Geiserich statt, doch er endete in einem Fiasko; die Folge waren weitere römisch-vandalische Verträge mit entwürdigenden Konditionen, welche die römische Seite akzeptieren mußte. Als Anthemius im Juli 472 ermordet wurde und kurz darauf Rikimer starb, erhielt der Burgunder Gundobad, Neffe Rikimers und Mörder des Anthemius, die Heermeisterstelle, die er nach dem schnellen Scheitern des von ihm kreierten Augustus Glycerius (473–474) bald wieder aufgab; er zog es vor, den burgundischen Königsthron zu besteigen. Sinnfälliger als durch diesen Vorgang kann der agonale Zustand des weströmischen Reiches kaum bezeichnet werden. Aus Konstantinopel lancierte man nun einen neuen Augustus, den Heermeister Dalmatiens namens Iulius Nepos, der in Rom 474 mit dem Purpur bekleidet wurde. Doch auch der vermochte nur auf alte Rezepte zu setzen und ernannte den Pannonier Orestes zum neuen Generalissimus mit der Maßgabe, jedenfalls einen kleinen Rest Galliens für Westrom zu retten. Orestes jedoch verfolgte andere Ziele, vertrieb Iulius Nepos aus Rom und proklamierte seinen eigenen Sohn Romulus (mit dem Beinamen „Augustulus" – ‚Kaiserchen') zum neuen Kaiser. Seinen hohen Bekanntheitsgrad bei der Nachwelt verdankt dieser Romulus Augustulus einem mit Zwangsläufigkeit eingetretenen Zufall: Zufällig ist er der letzte auf den weströmischen Thron gelangte Kaiser gewesen, aber seine Absetzung durch nichtrömische Foederaten war die keinesfalls zufällige, sondern logische Konsequenz jahrzehntelanger Entwicklungen, die dazu geführt hatten, daß nicht Kaiser ihre Heermeister, sondern Heermeister ihre Kaiser ernannten. Unmittelbarer Anlaß für die Amtsenthebung des Romulus Augustulus war die Weigerung seines Vaters Orestes, einer Gruppe nichtrömischer Foederaten unter der Führung des skirisch-thüringischen Offiziers Odoaker das geforderte Siedlungsland in Italien zuzugestehen. Odoaker wurde daraufhin zum *rex Italiae*, zum König von Italien, ausgerufen (23. August 476), tötete Orestes und schickte Romulus Augustulus auf einen Landsitz bei Neapel.

Ob mit diesem Jahr 476 oder erst mit dem Todesjahr des in Dalmatien frühstückenden Iulius Nepos (480) das weströmische Reich geendigt hat, bleibt letztlich eine akademische Streitfrage. Die Zeitgenossen jedenfalls haben das Jahr 476 als große Zäsur begriffen. So konstatierte der Chronist Marcellinus Comes nüchtern zur Zeit Justinians (*Chronica Minora* II, S. 91): „Das westliche Reich des römischen Volkes ... ist mit diesem Augustulus untergegangen." Das klingt weder dramatisch noch tragisch – aber war das Ende (West-)Roms denn überhaupt noch als Tragödie zu begreifen? „Die Tragödie ... setzt eine gestaltete Welt voraus. Die Komödie ... eine ungestaltete, im Werden, im Umsturz begriffene, eine Welt, die am Zusammenpacken ist ..." (Friedrich Dürrenmatt, *Theaterprobleme*). Der moderne Dichter gestaltet den letzten Arbeitstag des letzten in Italien regierenden römischen Kaisers folglich nicht als ‚finale glorioso' eines heldenhaft um das Imperium kämpfenden Mannes, sondern als ‚finale curioso' eines Hühnerzüchters:

„Odoaker: Es bleibt uns nichts anderes übrig.
Romulus: Was hast du mit mir vor?
Odoaker: Ich werde dich pensionieren.
Romulus: Mich pensionieren?
Odoaker: Der einzige Ausweg, den wir noch haben.
Schweigen.
Romulus: Die Pensionierung ist wohl das Entsetzlichste, was mir zustoßen könnte.

Odoaker: Vergiß nicht, daß auch ich vor dem Entsetzlichsten stehe. Du wirst mich zum König von Italien ausrufen müssen (...)
Romulus: Die kaiserlichen Hungerjahre sind vorüber. Hier hast du den Lorbeerkranz und die Kaisertoga. Das Reichsschwert findest du bei den Gartengeräten und den Senat in den Katakomben Roms." (Friedrich Dürrenmatt, *Romulus der Große*, 4. Akt).

Der historische Odoaker ging nicht in den Schuppen, denn er wollte den Kaiserornat nicht – er schickte ihn vielmehr nach Konstantinopel mit dem Hinweis, im Westen bedürfe es keines Kaisers mehr. Und auch die Senatoren begaben sich nicht in die Katakomben – wir finden sie weiterhin im oberirdischen Rom, wo es nach 476 noch Stadtpräfekten und Konsuln gab, sowie vor allem in Spanien, Africa und Gallien. Dort bewahrten sie zentrale Elemente römischer Bildung und Lebensweise, besetzten die prominentesten Bischofsstühle und sorgten auf diese Weise dort für Kontinuität, wo nur auf den ersten Blick Diskontinuität herrschte. Das Ende des weströmischen Reiches bedeutete folglich keineswegs das Ende der römischen Antike im Westen, und auch die Protagonisten des Geschehens handelten und planten durchaus weiterhin in römischen Kategorien. So blieb für Odoaker Iulius Nepos bis zu seinem Tod im Jahr 480 legitimer römischer Kaiser, und er brachte dies auch in seiner Münzprägung unmißverständlich zum Ausdruck. Ferner tragen manche der Bronze- und Silberemissionen Odoakers das alte Kürzel *S(enatus) C(onsulto)* („auf Senatsbeschluß") und knüpften damit demonstrativ an die jahrhundertealten Traditionen kaiserlicher Politik an. Auch die Ämter behielten ihre angestammte Titulatur, zum Beispiel die Heermeister (*magistri militum*) oder die obersten Finanzbeamten (*comites sacrarum largitionum*). Andererseits enthält das Königtum Odoakers auch genuin germanische Elemente und symbolisiert damit den Übergang von der Spätantike zum frühen Mittelalter. Es gab folglich kein abruptes Ende und keinen radikalen Neuanfang, sondern einen Transformationsprozeß des spätantiken Westens in die frühmittelalterlich-germanische Welt, die in hohem Maße römisch geprägt blieb.

Eine bedeutende Rolle bei dieser Entwicklung kam den Ostgoten zu, die, ursprünglich als Greutungen oder Ostrogothen bezeichnet, im 4. Jahrhundert im Gebiet der heutigen Ukraine gesiedelt hatten und dann, von den Hunnen bezwungen, größtenteils mit diesen gen Westen gezogen waren. Bei den Katalaunischen Feldern (Seite 80) hatten Ostgoten auf seiten der Hunnen unter Attila gegen die westgotischen Foederaten des Aëtius gekämpft und erhielten anschließend Foederatenland in Pannonien zugeteilt. Von ca. 456/57 bis 473 etablierte sich dann ein ostgotisches Reich in Pannonien, durch immer wieder gebrochene, modifizierte und erneuerte Verträge bestenfalls locker an den Kaiser in Konstantinopel gebunden. 474 erlangte Theoderich die ostgotische Königswürde und führte in den folgenden Jahren sein Volk auf zahlreichen Kriegszügen über den gesamten Balkan und durch Griechenland, so daß er 483 dem oströmischen Hof die von ihm erstrebten Konzessionen abringen konnte. So trat er zum 1. Januar 484 den ordentlichen Konsulat in Konstantinopel an, und da bald Odoaker im Donauraum mit den von Ostrom unterstützten Rugiern aneinandergeriet, sah man in Konstantinopel eine gute Gelegenheit, Theoderich mit ehrenvollem Auftrage in Richtung Westen loszuwerden. 488/89 machten sich daher die etwa 100 000 Ostgoten (darunter ca. 20 000 Krieger) in Richtung Italien auf. Im August 489 kam es zu einer ersten, im September bei Verona (der Stadt „Bern" der Heldensage) zu einer zweiten Schlacht zwischen Theoderich (dem Dietrich von Bern im germanischen Mythos) und Odoaker. Mit westgotischer Hilfe (durch Alarich II.) drängte Theoderich seinen Gegner immer weiter zurück, bis sich dieser schließlich nach Ravenna flüchtete, wo nach über zweijähriger Belagerung durch Theoderich Odoaker in eine gemeinsame Herrschaft über Italien einwilligen mußte. Kurz darauf lockte Theoderich jedoch seinen Rivalen in einen Hinterhalt, ermordete ihn mit eigener Hand und ließ auch alle Verwandten und engsten Anhänger, derer man habhaft werden konnte, kaltblütig niedermachen. 493 wurde er von seinen Truppen zum König ausgerufen und regierte als Flavius Theodericus *rex* bis zum Jahre 526 über Goten und Italiker – das westliche Kaisertum war obsolet geworden. Römisch blieb jedoch in vielerlei Hinsicht auch Theoderichs Regierungspraxis. Er erwies dem Senat in Rom alle Ehren, beging sein Regierungsjubiläum nach Art früherer Kaiser, indem er Zirkusspiele stiftete und Getreidespenden verteilte, und er bediente sich einer Administration nach altem Muster, prägte Münzen und adaptierte römisches Recht in seinem berühmten *Edictum Theoderici*. Ein unbekannter Autor aus dem 6. Jahrhundert beschreibt treffend die Ambivalenz dieser Politik Theoderichs: „Er regierte gleichzeitig die beiden *gentes* der Römer und der Goten" (*Anonymus Valesianus* II 60). Auch seine Religionspolitik zeigt diese Zweiseitigkeit, denn trotz persönlicher arianischer Neigungen tolerierte und förderte er das nicänisch-katholische Christentum. Solchen oberflächlichen Parallelen zu Konstantin dem Großen entspricht auch das in Ravenna gelegene Mausoleum des am 30. August 526 verstorbenen Königs. Denn wie Konstantin in seiner Begräbniskirche in Konstantinopel, so ordnet sich auch Theoderich hier durch die architektonische Gestaltung in den Kreis der zwölf Apostel ein, wollte „als Apostelgleicher ein zweiter Konstantin sein" (Herwig Wolfram).

9. Von Theodosius I. zu Justinian (395–565): Von Rom nach Byzanz

Der Tod Theoderichs bedeutete noch nicht das Ende des Ostgotenreiches in Italien, dieses führten erst die Truppen und Feldherren des oströmischen Kaisers Justinian in der Mitte des 6. Jahrhunderts herbei. Für einen kurzen Zeitraum konnte man sich damals in Konstantinopel der Hoffnung auf eine theodosianische Renaissance hingeben, auf die vom Osten dominierte und kontrollierte Reichseinheit, die in den Jahren nach 395 sukzessive verlorengegangen war.

In Konstantinopel herrschten damals nach dem Tode Theodosius' I. im Jahr 395 strukturell ähnliche Verhältnisse wie im Westen, wo der Kindkaiser Honorius unter der Kuratel Stilichos stand. Zwar war sein älterer Bruder Arcadius, der Augustus des Ostens, 395 bereits 17 Jahre alt, doch auch er vermochte noch nicht eigenständig zu regieren. Der ihm von seinem Vater vor dem Heereszug gegen Eugenius im Jahr 394 zugeordnete Tutor war der Prätorianerpräfekt des Ostens, Rufinus, der jedoch bereits im November 395 von Soldaten erschlagen wurde. Sein Nachfolger als Kaiserberater wurde zunächst der Hofeunuch und höchste Palastbeamte Eutropius, der sich jedoch bald nicht mehr gegen die östlichen Heermeister durchsetzen konnte und 399 hingerichtet wurde. Damit vermochte nun auch in Konstantinopel ein nichtrömischer Heermeister den Ton anzugeben; zunächst war dies der Ostgote Gainas, der jedoch mit seinem Landsmann Tribigild, den er eigentlich zur Räson hatte bringen sollen, gemeinsame Sache machte, plündernd durch Kleinasien zog, in Konstantinopel durch seine arianischen Aktivitäten blutige Unruhen auslöste und schließlich umkam (Dezember 400). Dabei bediente sich der Hof erneut eines angeworbenen (Ost-)Goten namens Fravitta, der nicht nur die Heermeisterstelle des Gainas, sondern sogar den ordentlichen Konsulat für das Jahr 401 erhielt. Deutet folglich bislang alles auf Gegebenheiten hin, die denen in Mailand und Ravenna weitgehend entsprachen, so markierten die Jahre 402/403 einen plötzlichen und deutlichen Kurswechsel. In Konstantinopel entschloß man sich nämlich zu einer antigermanischen Wendung und wollte nicht länger – wie dies im Westen bis zum Ende des dortigen Kaisertums der Fall sein sollte – auf Gedeih und Verderb von Anführern außerrömischer Heeresverbände abhängig sein; zunächst dokumentierte man dies durch die Ermordung Fravittas. Ein entschiedener Verfechter dieses Politikwechsels war der aus Nordafrika stammende, wahrscheinlich zwischen 399 und 402 in Konstantinopel als Gesandter seiner Heimatprovinz weilende Redner und neuplatonische Philosoph Synesius (ca. 370 bis ca. 413), der vor dem Hof eine Rede „Über das Kaisertum" gehalten hat. Gewiß hat nicht Synesius den politischen Schwenk bewirkt, aber zumindest dürften seine überraschend freigeistigen Ausführungen aktuelle Stimmungen aufgegriffen, reflektiert und vielleicht sogar befördert haben. Ähnlich wie Vegetius im Westen (Seite 58) plädierte Synesius für die Rückbesinnung auf altrömische Traditionen und Tugenden: „Wir müssen den Römergeist wecken und uns angewöhnen, Siege selbst zu erringen, indem wir keine Gemeinschaft zulassen, sondern die Barbaren von allen Stellen entfernen" (*de regno* 23 B). Es ging ihm in seinem Fürstenspiegel jedoch um weit mehr als nur tagespolitische Korrekturen, vielmehr stellt er das spätantike Kaisertum prinzipiell an den Pranger und beschreibt anklagend das, was geradezu sprichwörtlich als Byzantinismus bezeichnet wird. Der Kaiser sei nur noch ein von der Welt abgeschlossener, hinter nutzlosem Prunk verschanzter Herrscher, der von Hofschranzen und Schmeichlern umgeben sei, wünschenswert aber wäre es, den Kaiser im Heerlager statt am moralisch verkommenen Hof zu sehen. Derartige Aufrufe muten aus heutiger Sicht vielleicht wirklichkeitsfremd an, sie zeugen aber doch vom Weiterleben und Weiterwirken überkommener Ideale und Hoffnungen. Einige Jahre später avancierte Synesius sogar zum Bischof seiner nordafrikanischen Heimat und steht damit stellvertretend für viele andere lokale Honoratioren und Philosophen, die zu Bischöfen wurden und auf diese

Weise antike, griechisch geprägte Traditionen in die nachantike Kultur überführten, ähnlich dem gallo-römischen aristokratischen Episkopat im Westen des Reiches. Auf reichspolitischer Ebene war ihr Einfluß natürlich stets eng begrenzt, und so sind als Initiatoren des antigermanischen Kurses in Konstantinopel denn auch nicht Synesius und seinesgleichen, sondern führende Amtsträger wie der Prätorianerpräfekt Aurelianus auszumachen. Erschwerend trat zu den militärisch-politischen Schwierigkeiten in Konstantinopel hinzu, daß religionspolitische Auseinandersetzungen mit ihnen verknüpft waren, und in diesem Rahmen entwickelte vor allem die Augusta Eudoxia, Tochter eines fränkischen Offiziers und mit Arcadius seit 395 verheiratet, beträchtliche Aktivitäten. Die fromme Kaiserin unterstützte die konsequente katholische Linie ihres Gatten, die natürlich auch gegen die überwiegend arianischen Goten gerichtet war. In erster Linie freilich galt der religiöse Eifer des Kaiserhauses der Bekämpfung des griechisch-römischen Heidentums. Die Gesetzgebung des Arcadius knüpfte mit Verboten und Behinderungen der paganen Kulte an die Haltung seines Vaters Theodosius I. an und schreckte nicht vor der Verordnung von Tempelzerstörungen zurück. Kurz und knapp verfügte die kaiserliche Kanzlei im Jahr 399: „Wenn es irgendwo (heidnische) Tempel in ländlichen Gegenden gibt, sollen sie ohne Lärm und Tumult zerstört werden. Denn wenn diese beseitigt und vernichtet sind, wird jegliche Ursache für den Aberglauben verschwinden" (*Codex Theodosianus* 16,10,16). Wenn diese radikale Maßnahme auf außerstädtische Gebiete beschränkt wird, so äußert sich darin das Wissen um die gewaltige soziale und politische Sprengkraft, die ein derartiges Ansinnen entwickeln konnte. Gerade in zahlreichen Städten des griechischen Ostens spielten die traditionellen Kulte und Heiligtümer eine zentrale Rolle und befanden sich die Nichtchristen numerisch nicht selten noch in der Mehrheit. Aufgrund einer glücklichen Quellenlage können wir diese Situation besonders gut in dem Städtchen Gaza in Palästina beurteilen, wo ein angesehener heidnischer Tempel (für den Gott Marnas) existierte, dessen

Zerstörung der christliche Bischof von Gaza namens Porphyrius bei Arcadius erwirken wollte. Zwar scheint sich der Stadtrat von Gaza derartigen Eingriffen ins städtische Leben widersetzt zu haben, jedoch mit Hilfe der Kaisergattin Eudoxia und nach langwierigem zähen Antichambrieren bei Hofe erreichte Porphyrius bei dem Kaiser das gewünschte Ziel. Daraufhin zerstörten im Jahre 402 kaiserliche Soldaten alle heidnischen Tempel in Gaza und erstickten den Widerstand der Bevölkerung durch brutale Gewalt. Religion und Politik bildeten somit ein bis in die entlegensten Teile des oströmischen Reiches nachhaltig wirksames Gemisch von beträchtlicher Explosivität, doch auch in Konstantinopel selbst traten derlei Spannungen in aller Deutlichkeit und Schärfe hervor. Dies lag nicht zuletzt darin begründet, daß mit Johannes Chrysostomus (ca. 349 bis 407) seit 397/98 ein geradezu leidenschaftlicher Kirchenmann, mit großer rhetorischer Begabung und einem enormen Sendungsbewußtsein ausgestattet, den Bischofsstuhl der Metropole innehatte, der, wenn es um seine Überzeugungen ging, keine Freunde kannte. Er verstand sich vor allem als Wahrer und Beförderer christlicher Tugenden, seine zahlreichen erhaltenen Predigten behandeln zu großen Teilen ethische Fragen, und nicht nur von sich selbst verlangte er Askese und Strenge, sondern auch von der Kirche überhaupt und seinen Zuhörern. Er wetterte von der Kanzel gegen Circus und Theater, Reichtum und äußerliche Pracht, und gerade mit den letztgenannten Ausfällen verprellte er die ihm ursprünglich wohlgesonnene Kaiserin Eudoxia, die nun seine Absetzung und Verbannung betrieb. Daraufhin kam es in der Stadt zu gewalttätigem Aufruhr und zu Brandstiftungen, Johannes entging dem (armenischen) Exil jedoch nicht, wo er 407 starb. Ein Jahr später folgte ihm Kaiser Arcadius nach, und als offizieller Nachfolger amtierte künftig dessen 401 geborener, bereits im Jahr 402 zum Augustus erhobener Sohn Theodosius II., der nominell einer der am längsten regierenden Kaiser der römischen Geschichte geworden ist. Er bekleidete das Herrscheramt nämlich bis zu seinem Tode im Jahr 450.

Abb. 9: Theodosius II. (?)
Der Kopf aus dem Archäologischen Museum in Istanbul könnte den jungen Kaiser Theodosius II. zeigen. Noch stärker als bei dem Konstantinbildnis (Abb. 4) dominieren hier die weit geöffneten Augen die ansonsten ausdrucksschwache Physiognomie.

Die zahlreichen zu seiner Zeit entstandenen Kirchengeschichten zeichnen ein ausgesprochen positives Bild von Theodosius II., was weniger seinen objektiven Leistungen als vielmehr seiner gottgefälligen Lebensführung zu verdanken ist. Denn die eigentliche Politik bestimmten andere: seine Schwester Pulcheria sowie seine Frau Eudocia, beide mit dem Ehrentitel einer Augusta geschmückt, sowie einflußreiche Leute bei Hofe. Es waren also nicht, wie gleichzeitig im Westen, germanische Heermeister, welche die eigentliche Macht in Händen hielten, sondern Prätorianerpräfekten, Hofeunuchen und die Vorsteher der kaiserlichen Zivilverwaltung (*magistri officio-*

rum). Zwar kam auch Konstantinopel nicht ohne das militärische Potential foederierter Völkerschaften aus, und auch Heermeisterstellen wurden bisweilen wieder, nach neuerlicher Abkehr von der dezidiert germanenfeindlichen Haltung zur Zeit des Arcadius, mit Nichtrömern besetzt, doch erlangten diese zunächst noch nicht eine derjenigen Stilichos oder Rikimers vergleichbare Position. Das mag nicht zuletzt damit zusammenhängen, daß das oströmische Reich bis zur Jahrhundertmitte in weitaus geringerem Maße äußeren Bedrohungen ausgesetzt war als der Westen. Auch gab es keine entsprechenden Wanderungsbewegungen auf dem oströmischen Territorium oder ähnliche Probleme mit Ansiedlungen fremder Völker innerhalb der Reichsgrenzen. Abgesehen von Nomadeneinfällen in Nordafrika waren es insbesondere die Hunnen, welche dem Reich zusetzten, denn mit den Persern konnte man sich weitgehend auf diplomatischem Wege verständigen. Derartige Übereinkünfte waren freilich regelmäßig mit Subsidienzahlungen verbunden, die in zunehmendem Maße die Staatsfinanzen ruinierten, und dies gilt vor allem für die beträchtlich wachsenden Summen, die man auch den Hunnen zukommen lassen mußte. Insbesondere seitdem Attila an der Spitze der Hunnen stand (434), diktierten diese von Jahr zu Jahr härtere Waffenstillstandsbedingungen, denen sie durch gelegentliche Plünderungszüge in Thrakien unmißverständlich Nachdruck verliehen. Erst der Nachfolger Theodosius' II., der Kaiser Marcian (450–457), brachte den Mut zum Widerstand gegen die Hunnen auf, die daraufhin nach Westen zogen und, wie schon beschrieben, 451 auf den Katalaunischen Feldern besiegt wurden (Seite 80). Nicht nur im Westen, sondern auch im Osten wurde das Ende Attilas (453) als göttliche Gnade empfunden, wie Jordanes (*Getica* 49,255) zu berichten vermag, der in diesem Zusammenhang überdies wieder einmal von einer christlichen Vision (mit der Ankündigung von Attilas Tod) zu erzählen weiß: „Es ereignete sich die Merkwürdigkeit, daß eine Gottheit im Traum zu Marcian, dem Princeps des Morgenlandes, dem bange war wegen eines so furchtbaren Feindes, herantrat und ihm in derselben Nacht den zerbrochenen Bogen Attilas zeigte, da ja jenes Volk sich auf diese Waffe viel zugute hielt." Seit der Zeit Konstantins des Großen gehörten derartige Visionen zum typischen Grundbestand der Historiographie und belegen wenig mehr als die zunehmende christliche Dominanz auch auf dem Feld der Geschichtsschreibung.

Überhaupt steht die erste Hälfte des 5. Jahrhunderts ganz im Zeichen des Christentums und vor allem der religiösen Auseinandersetzungen. Diese betrafen keineswegs nur den generellen Gegensatz zwischen Altgläubigen (Heiden) und Christen, sondern spielten sich in zunehmender Schärfe unter den stark dissoziierten Christen selbst ab. Mit dem Häresievorwurf wurde immer großzügiger operiert, und in staatlichen Gesetzen tauchen nun dreißig und mehr namentlich benannte Sekten, Teilkirchen und Abspaltungen auf. Alexandria, Antiochia und Konstantinopel waren die Hauptorte der nicht selten militanten Auseinandersetzungen. Besonders tat sich dabei der Patriarch von Alexandria, Kyrill, hervor, der den städtischen Mob gegen seine Gegner aufhetzte, die, fanatisiert und aufgeputscht, unter anderem die Lehrerin und Briefpartnerin des Synesius, die berühmte Philosophin Hypatia, lynchten. Kyrills dogmatischer und kirchenpolitischer Gegenspieler war der von Antiochia nach Konstantinopel berufene Patriarch Nestorius. Die zwischen ihnen mit allen Mitteln – darunter gewaltige Bestechungssummen – geführte Debatte drehte sich weiterhin primär um das Wesen Jesu. Nestorius vertrat die radikale Zweinaturenlehre (Dyophysitismus), gemäß welcher auch Maria nicht als Gottesgebärerin (*theotokos*) gelten konnte, da sie nur den menschlichen, nicht aber den göttlichen Christus geboren habe. Im Juni 431 fand ein (später als das dritte ökumenische gezähltes) Konzil in Ephesos statt, das die Wesenseinheit Christi dekretierte, aber damit natürlich nicht zur allgemeinen Befriedung beitragen konnte; die Zeiten blieben unruhig und sollten bald noch unruhiger werden.

Denn als Theodosius II. am 28. Juli 450 starb, erlosch die theodosianische Dynastie auch im Osten, ohne daß eine geregelte Sukzession in Aussicht stand. Trotz seiner auf dem Papier nahezu ein halbes Jahrhundert währenden Regierung bleibt Theodosius II. als handelnder Politiker eine weitgehend unbekannte Größe – andere haben in seinem Namen die Geschicke dieser Jahrzehnte bestimmt. Daß dennoch sein Name im kulturellen Gedächtnis Europas eine gewisse Rolle spielt, läßt sich gewiß nicht auf seine persönliche Initiative, sondern eher auf das Engagement seiner Hofjuristen und kaiserlichen Kanzlei zurückführen, die angesichts kaum noch zu durchschauender, häufig einander widersprechender Rechtsverordnungen für eine nach Sachgruppen geordnete Sammlung der verstreuten, Gesetzeskraft besitzenden Kaisererlasse und Antwortschreiben (Reskripte) Sorge trugen. Auf diese Weise entstand der nach Theodosius II. als dem regierenden Kaiser benannte *Codex Theodosianus*, der 438 in Konstantinopel promulgiert und auch im Westen in Kraft gesetzt wurde. Er symbolisiert damit noch einmal die in der Theorie aufrechterhaltene Idee von der Einheit des Imperium Romanum und bildet überdies eine wichtige Verbindungslinie zwischen Antike und Mittelalter, da der *Codex Theodosianus* als deren Kernbestand in die westgotischen, ostgotischen und burgundischen Rechtssammlungen einging. Im (byzantinischen) Osten kam dem *Codex Theodosianus* hingegen nur eine begrenzte Nachwirkung zu, da ein Jahrhundert später das justinianische Gesetzeswerk an seine Stelle trat (Seite 100 f.).

Mit dem Erlöschen der theodosianischen Dynastie trat nun auch im Osten wieder die alte Grundregel der Kaiserzeit in Kraft, derzufolge das Heer den Herrscher bestimmte. In diesem Fall war es der alanische Heermeister Aspar, der sowohl den aus Thrakien stammenden Soldaten Marcian (450–457) als auch dessen Landsmann und Nachfolger Leo I. (457–474) auf den Thron hievte. Marcian gelang es nicht nur, wie bereits gesagt, die Hunnen gen Westen loszuwerden, sondern er machte sich auch energisch an die Bewältigung der inneren, weiterhin von den christologischen Streitfragen dominierten Probleme. Dank seiner und der Initiative Pulcherias trat im Oktober 451 ein (später als viertes ökumenisches bezeichnetes) Konzil in Chalkedon zusammen und fixierte einen klaren dogmatischen Standpunkt zwischen den verschiedenen Lehrmeinungen; die Auffassungen der konsequenten Monophysiten, die nur von einer einzigen göttlichen Natur Jesu überzeugt waren, wurden genauso wie der radikale Dyophysitismus abgelehnt, stattdessen definierte die neue Glaubensformel das Wesen Christi als unzertrennliche Einheit aus seiner menschlichen und göttlichen Substanz. Diese Lösung entsprach der Auffassung des römischen Papstes Leo I. (440–461), der die Konzilscanones denn auch fast vollständig anerkannte; eine Gleichstellung der Patriarchate von Rom und Konstantinopel lehnte er hingegen ab. Der erbitterte theologische Konflikt mit all seinen weltlichen Implikationen und Konsequenzen schwelte im Ostreich jedoch auch nach dem Konzil weiter, allerdings traten nun andere Probleme stärker in den Vordergrund, da sich die Entwicklungen im letzten Drittel des 5. Jahrhunderts stärker denjenigen im Westen anglichen. Nun bedrohten nämlich auch im Osten außerrömische Völkerschaften den territorialen Bestand des Reiches, und wie im Westen waren Auseinandersetzungen um die Besetzung des Kaiserthrons die unmittelbare Folge. Die neuen Schwierigkeiten nahmen wieder einmal vom Balkanraum ihren Ausgang. Denn nach dem Zerfall der ohnehin labilen hunnischen Herrschaft konkurrierten verschiedene ostgotische Gruppen und weitere germanische Völkerschaften um Siedlungsräume im Donau-Schwarzmeergebiet, und Jordanes (*Getica* 50) bietet uns eine zusammenfassende Schilderung der von Marcian und Leo konzedierten Neuaufteilung dieser Regionen. Bis zum Jahre 473 existierte, von erpreßten Subsidien aus Konstantinopel alimentiert, ein locker gefügtes pannonisches Ostgotenreich, welches nach dem Abzug eines Teils der Ostgoten Eruler und (gotische) Gepiden in Besitz nahmen. Da zudem die Vandalen unter Geiserich nicht nur das südliche Italien (Seite 82), sondern auch Griechenland durch Plünderungszüge schwer in Mitleidenschaft zogen, geriet in Konstantinopel die Position des (alanisch-ostgotischen) Heermeisters Aspar und seiner Anhänger ins Wanken, und 471 entluden sich die Spannungen bei Hofe in einem Blutbad, dem die Goten um Aspar zum Opfer fielen. Zum neuen starken Mann und Nachfolger Aspars als Heermeister avancierte Zeno, ein lokaler Dynast aus Isaurien, einer wenig zivilisierten Bergregion im Inneren Kleinasiens, der mit seiner regionalen Klientel in den Folgejahren eine kurzfristige Isaurierherrschaft in Konstantinopel etablieren und sogar die Augustuswürde erlangen konnte (474–491). Seine größte Leistung für Ostrom bestand zweifellos darin, Theoderich den Großen, der zwischen 473 und 488 den Balkan und Griechenland mit nachhaltiger Wirkung durchzog, zum Krieg um Italien bewogen und damit die Grundlage für das italische Reich der Ostgoten gelegt zu haben, welche folglich keinen Anlaß mehr zu einer neuerlichen Rückkehr in den Osten sahen.

Nachfolger des 491 in Konstantinopel gestorbenen Zeno wurde – nach antiken Kategorien – ein Greis. Denn Anastasius zählte bereits sechzig Jahre, als das Heer (und in seinem Gefolge der Senat) in Konstantinopel ihn, einen hohen Hofbeamten, mit dem Kaiserpurpur bekleidete. Er war ein Kompromißkandidat, seine Vorzüge bestanden in den Augen der führenden Hofchargen zum einen in seinem Bekenntnis zur katholischen Orthodoxie, zum anderen darin, daß er nicht zu den Isauriern gehörte. Diese boten denn auch umgehend alle Kräfte auf, um ihn wieder loszuwerden, und es bedurfte mehrjähriger, auf kaiserlicher Seite mit germanischen und hunnischen Foederaten bestrittener militärischer Auseinandersetzungen, um die Isaurier dauerhaft von Konstantinopel fernzuhalten. Die größten Gefahren gingen jedoch weiterhin von den Grenzregionen aus. Auf dem Balkan erschien eine neue Völkerschaft, die sich sofort und nahezu ungehindert ins Reichsinnere begab, die Bulgaren, und in ihrem Gefolge kamen Hunnen und Slawen. Anastasius sah sich sogar genötigt, Konstantinopel durch eine ‚lange Mauer', die sich vom Schwarzen Meer bis zum Marmarameer erstreckte, zu schützen. Auch am östlichen Limes endete die lange Friedenszeit, da die Perser neue Feindseligkeiten eröffneten, denen erst 506 mit einem Vertragsschluß Einhalt geboten werden konnte, der freilich Anastasius zu hohen Goldzahlungen an Persien verpflichtete. Trotz derartiger Ausgaben, denen weitere Subsidien an gotische Foederaten unter Vitalianus hinzuzurechnen sind, die 513 bis 515 mehrmals in Konstantinopel zur Durchsetzung ihrer Forderungen auftauchten, hinterließ Anastasius bei seinem Tode im Sommer 518 seinem Nachfolger ein gewaltiges Goldvermögen in der Staatskasse. Der Hauptgrund für die wundersame Vermehrung der Staatseinnahmen lag in einer Zentralisierung und Straffung der Steuererhebung, doch auch die von Anastasius durchgeführte Münzreform – die freilich die Goldwährung (*solidi*) nicht betraf – mag sich positiv ausgewirkt haben.

Dem greisen Anastasius folgte der greise Justinus (518–527). Auch dessen Kandidatur – leibliche Thronfolger hatte Anastasius nicht hinterlassen – vollzog sich in dem Spannungsfeld zwischen Thron und Hof; Senat, Kirche und Volk von Konstantinopel waren demgegenüber nur von nachgeordneter Bedeutung. Justinus, damals bereits zwischen 65 und 70 Jahre alt, leitete die Palastgarde und dürfte sich seiner entsprechend guten Kontakte zu wichtigen Entscheidungsträgern zum eigenen Nutzen bedient haben. Eigene Akzente hat der dezidiert katholisch-orthodoxe Justinus vor allem auf dem Gebiet der Religionspolitik, dem weiterhin gefährlichsten innenpolitischen Feld, setzen können. Er sorgte wieder für eine streng anti-monophysitische, an den Regelungen von Chalkedon orientierte Linie und beendete somit den seit 484 andauernden Bruch mit dem Papst in Rom, der als das „akakianische Schisma" bezeichnet wird. Im Ostreich freilich vertiefte diese Haltung die Konflikte; zahlreiche monophysitische Bischöfe wurden zwangsweise ihrer Ämter enthoben, und kaum besser erging es den Arianern, die zahlreiche Kirchenschließungen hinnehmen mußten. Diese antiarianische Politik besaß freilich auch eine außenpolitische Komponente, denn sie verstimmte Theoderich den Großen, zu dem Justinus gute Beziehungen zu pflegen suchte. In dieser Absicht hatte Justinus den Schwiegersohn Theoderichs, Eutharich, zum Waffensohn adoptiert und sogar mit ihm zusammen für das Jahr 519 den Konsulat angetreten. Bevor sich jedoch die

Spannungen zu einem offenen Konflikt entwickeln konnten, starb Theoderich 526 (Seite 86), und ein Jahr später (im August 527) endete auch das Leben des hochbetagten oströmischen Herrschers.

Justinus hatte schon einige Monate zuvor seinen Neffen Justinian (527–565) zum Augustus erhoben, und mit dem Namen dieses Kaisers ist noch einmal eine letzte Blütezeit des spätantiken Kaisertums verbunden. Zugleich steht mit Justinian ein Herrscher am Ende der römischen Kaiserzeit, der in seinem Wirken die großen, genuin antiken Traditionslinien erkennen läßt, welche die Geschichte seit Augustus bestimmten. Mit dem Begründer des Prinzipats, Augustus, teilte Justinian die Idee einer universalen Herrschaft, die dem gesamten Imperium Frieden (*pax*), Wohlstand (*salus*) und Rechtssicherheit (*iustitia*) garantieren sollte. Zwar amtierte Justinian nicht mehr, wie seinerzeit Augustus, als *pontifex maximus* und sah, anders als dieser, nicht in Jupiter, Mars und Apollo die Garanten säkularen Gedeihens, aber er teilte – nur mit anderen konfessionellen Vorzeichen – mit Augustus die Überzeugung vom göttlichen Auftrag des römischen Kaisers. Daraus resultierte zugleich die Selbstverpflichtung, als Garant des rechten Glaubens für die gebotene Verehrung Gottes seitens der Menschen einzutreten. Insofern knüpft Justinian an die erstmals von Konstantin dem Großen vorgelebte Funktion des Kaisers als Initiator von Konzilien und als Gesetzgeber zugunsten des Christentums an. Programmatisch formulierte Justinian seine Überzeugung von der göttlich legitimierten und geforderten Einheit von weltlicher und kirchlicher Macht im Vorwort zur sechsten Novelle: „Die vorzüglichsten Gottesgaben unter den Menschen, verliehen von der höchsten Güte, sind die priesterliche Würde (*sacerdotium*) und das weltliche Herrscheramt (*imperium*); von denen steht jenes den göttlichen Angelegenheiten zu Diensten, dieses aber lenkt die menschlichen Angelegenheiten und trägt für sie Sorge; beides geht aber von ein- und demselben Ursprung aus und schmückt das menschliche Leben. Deswegen liegt nichts den weltlichen Herrschern so sehr am Herzen wie die Würde der

Priester, zumal diese immer zugunsten jener zu Gott beten ... Unsere wichtigsten Herzensangelegenheiten sind also die wahren Lehren Gottes und die Würde der Priester ..."

Nicht nur Pflichtgefühl spricht aus derartigen Worten, sondern mehr noch ein Sendungsbewußtsein, das Justinian schließlich auch mit Diokletian verbindet, dem großen Reformer und Innovator, der wie Justinian dem (lateinischen) Balkanraum entstammte und ebenfalls über eine militärische Karriere den Weg zum Kaiserthron gefunden hatte. Justinian hatte es unter der Ägide und Protektion seines Onkels und Adoptivvaters Justin über die Mitgliedschaft in der Palastgarde bis zum Heermeister und Konsul gebracht, so daß der Kaiserwechsel dieses Mal reibungslos und im allgemeinen Konsens erfolgte. Demonstrativ band Justinian seine Frau Theodora von Beginn an als Augusta in die Herrschaft ein. Die aus einfachsten Verhältnissen stammende und daher in Konstantinopel von interessierten Kreisen immer an das Stigma ihrer unehrenhaften Herkunft erinnerte Kaiserin erwies sich in den folgenden zwei Jahrzehnten bis zu ihrem Tod (548) als überaus energische, vor allem in Kirchenfragen ambitionierte Politikerin, so daß bei einem byzantinischen Autor sogar von einer Dyarchie (Zweierherrschaft) die Rede ist, aber aufgrund fehlender Quellen läßt sich der tatsächliche Anteil Theodoras am Regierungshandeln kaum adäquat bemessen. An Justinians ureigenem reformerischen Impetus kann jedenfalls nicht gezweifelt werden, und der erstreckte sich auf nahezu alle wichtigen Felder der Innenpolitik, dominiert und gespeist von dem christlichen Eifer des Kaisers.

Bereits kurz nach seinem Herrschaftsantritt setzte Justinian mit der Schließung der berühmten Akademie von Athen (529) ein deutliches Zeichen seiner religionspolitischen Entschlossenheit. Der Neuplatonismus, zu dessen Vertretern auch der Nordafrikaner Synesius (Seite 88) gezählt hatte, blühte damals vor allem noch in Athen sowie in Alexandria, und überhaupt bildeten insbesondere die Universitäten des griechischen Ostens weiterhin eine Bastion traditioneller und somit naturgemäß paganer Geisteshaltung, gegen die sich das Mißtrauen und der Eifer des orthodoxen Kaisers richteten. Noch in demselben Jahr 529 dokumentierte denn auch ein allgemeiner Aufruf an alle Heiden, sich dem Christentum zuzuwenden, die missionarischen Ambitionen Justinians, die in der Folgezeit Johannes, der Bischof von Ephesos, durch Bücherverbrennungen und Massentaufen in die Tat umzusetzen suchte. Gleichwohl war Justinians antipaganen Bemühungen letztlich ebenfalls kein durchschlagender Erfolg vergönnt, wie seine wiederkehrenden Verbote und Drohungen in einschlägigen Erlassen zeigen, und Entsprechendes gilt für seine innerchristlichen Befriedungsbemühungen. Denn trotz allen Einsatzes, der sogar vor militärischen Mitteln nicht zurückschreckte, gelang es Justinian nicht, die Vertreter des Monophysitismus (zu denen pikanterweise auch die Augusta Theodora zählte) nachhaltig zu schwächen.

Sinnfälliger Ausdruck der kaiserlichen Anstrengungen waren die auf seine Initiative und mit seiner Unterstützung errichteten Kirchenbauten, die wiederum nur ein Element seines bemerkenswerten städtebaulichen Engagements darstellten. In Konstantinopel betrieb und finanzierte er nach einem Brand seit 532 den Neubau der Hagia Sophia, der im Dezember 537 feierlich eingeweiht wurde, doch auch an zahlreichen anderen Orten zeugen archäologische Überreste von dem Bauherren Justinian, dem der zeitgenössische Geschichtsschreiber Prokop ein eigenes Werk („Bauten") gewidmet hat, in welchem die Frömmigkeit des Herrschers und seine Baupolitik als untrennbare Einheit vorgestellt werden. Von den weiteren umfassenden Reformanstrengungen Justinians auf den Feldern der Verwaltung, der Steuererhebung und des Finanzwesens künden insbesondere seine erhaltenen Konstitutionen, die „Novellen", die den dritten und abschließenden Band der seit dem Mittelalter als *Corpus iuris civilis* bezeichneten Rechtssammlung bildeten. Mit diesem Rechtscorpus hat Justinian die Basis gelegt für das Weiterwirken des römischen Rechts bis weit in die europäische Neuzeit hinein. Doch natürlich bestimmte weniger die Hoffnung auf solcherlei Nachruhm und Nachwirkungen Justinians Kodifikationspolitik als vielmehr

Abb. 10: Die Hagia Sophia in Konstantinopel.
Die Kirche mit einer gewaltigen Kuppel entstand unter Justinian an der Stelle der zerstörten ‚Großen Kirche' aus der ersten Hälfte des 4. Jahrhunderts; nach 1453 wurde sie zur Hauptmoschee umfunktioniert.

das Bestreben, in möglichst kurzer Zeit eine in sich stimmige, die notorische Rechtsunklarheit beseitigende Systematisierung des gesamten Rechts zu schaffen. Nach geradezu herkulischen Arbeitsleistungen der beauftragten Juristen gelang es bereits im Jahr 533, mit den *Institutiones* ein grundlegendes neues Elementarlehrbuch sowie mit den *Digesta* (oder *Pandectae*) *Iustiniani* ein Sammelbuch des klassischen Juristenrechts vorzulegen. Und schon ein Jahr später lag die Neufassung der Kaiserkonstitutionen vor, der *Codex Iustinianus*, mit welchem die Vorgängersammlungen, darunter der *Codex Theodosianus* (Seite 94), überflüssig und außer Kraft gesetzt wurden. Diese gewaltige Leistung, die freilich hinter dem anspruchsvollen Ziel, vollständige Widerspruchsfreiheit des geltenden Rechts zu erreichen, zurückbleiben und durch permanente Nachbesserungen in Form neuer Kaisererlasse ergänzt werden mußte, sollte nach dem Willen des Herrschers den inneren (Rechts-)Frieden garantieren. Den äußeren Frieden trachtete der Kaiser durch ein nicht weniger ehrgeiziges Vorhaben zu sichern. Er wollte nämlich nicht nur die bestehenden Grenzen stabilisieren, sondern nach Möglichkeit auch die Fehlleistungen seiner Vorgänger korrigieren und verlorene Territorien zurückgewinnen. Erschwert wurden diese naturgemäß primär nach Westen orientierten Bemühungen durch neue Unruhen an den östlichen Grenzen, denn trotz eines 533 nach mehrjährigen Kampfhandlungen mit den Persern geschlossenen (und durch Subsidien teuer erkauften) „ewigen Friedens" mußten in den folgenden Jahrzehnten immer wieder Waffengänge mit Persien absolviert, Tribute entrichtet und Friedensabkommen geschlossen werden, die doch bald wieder gebrochen wurden. Um so erstaunlicher ist es, daß trotz dieser im Osten gebundenen Ressourcen zunächst im Westen die angestrebte Restitution römischer Herrschaft im großen Maßstab gelang. Erleichtert wurden diese Erfolge freilich durch innere Probleme, vor allem Thronstreitigkeiten, bei den nordafrikanischen Vandalen und den in Italien herrschenden Ostgoten. 533/34 eroberte Justinians Feldherr Belisar Nordafrika, das nun wieder einen Prätorianerpräfekten und einen Heermeister erhielt. Zwischen 535 und 552 führte zunächst Belisar, dann als sein Nachfolger Narses Kriege in Italien, in deren Zuge Rom mehrmals besetzt und das italische Ostgotenreich schließlich vernichtet wurde. Sogar in Spanien gelang zumindest teilweise die (von Nordafrika aus unternommene) Wiederherstellung römischer Herrschaft und die Etablierung eines für Spanien zuständigen *magister militum*. Obwohl im Norden (im Rhein-Donau- und Alpenraum) die römische Herrschaft sich nicht mehr stabilisieren ließ, konnte Justinian, als er hochbetagt im November 565 starb, die Welt in dem Bewußtsein verlassen, sie noch einmal zu großen Teilen wenigstens nominell in einem Imperium Romanum unter seiner Führung geeint zu haben. Allerdings sollte diesen Erfolgen keine längere Dauer beschieden sein: In Spanien dominierten bald wieder die Westgoten, in Italien beendeten die im Jahr 568 aus ihrer pannonischen Heimat nach Westen aufgebrochenen Langobarden die (ost-)römische Renaissance und legten – langfristig gesehen – die Grundlage für die Ausbildung des neuzeitlichen Italien, und in Africa setzten sich im 7. Jahrhundert der Islam und die Araber durch. Die oströmische Geschichte schließlich ist zur byzantinischen Geschichte geworden, die bis 1453, bis zur Eroberung Konstantinopels durch die Türken, gedauert hat.

10. Ende und Anfang:
Auf dem Weg nach Europa

Weder 476 noch 565 war, um die Vorstellung Hanno Buddenbrooks vom großen Schlußstrich unter all dem „genealogischen Gewimmel" wieder aufzugreifen, alles zu Ende, auch jetzt ‚kam noch etwas', ging es weiter mit Anknüpfungspunkten an das Vorausgegangene, wurden Verbindungslinien weitergeführt. Und dennoch: Diese beiden Daten markieren weit deutlichere Einschnitte, bezeichnen in einem tieferen Sinne End- und Ausgangspunkte, als es etwa von dem Jahr 284 zu behaupten ist. Zwar stellt auch das Jahr 284 im Rückblick einen Einschnitt dar, denn von diesem Zeitpunkt an setzten zahlreiche Reformen und Erneuerungen ein, scheiterten Experimente (die Tetrarchie) und gelang eine große Wende (zugunsten des Christentums). Aber in seinen Grundzügen blieb das spätantike Imperium Romanum auch nach Diokletian und Konstantin das, was es vorher – selbst in der ‚Reichskrise' des 3. Jahrhunderts – gewesen war: ein mit klaren Grenzen zu umschreibendes, nach innen zumindest relativ stabiles Gebilde, das auf den antiken Traditionen und vor allem dem Kern antiker Zivilisation – der Stadt und ihrer Selbstverwaltung – beruhte, mit einem ideologisch überhöhten Kaisertum an der Spitze, das faktisch auf militärischer Macht und der Zustimmung der Truppen basierte. Auch die Infrastruktur erwies sich vor allem im 4. Jahrhundert als weitgehend funktionstüchtig, weiterhin bestand ein riesiger, währungstechnisch relativ einheitlicher Wirtschaftsraum, in welchem Handwerk, Handel und gewerbliche Produktion keineswegs einen kontinuierlichen Niedergang erlebten, sondern in einzelnen Regionen (wie zum Beispiel im Nordafrika des 4. Jahrhunderts) durchaus noch florierten.

Dennoch traten seit dem späten 4. Jahrhundert, spätestens seit dem Tod Theodosius' I. im Jahr 395, Krisenphänomene immer deutlicher in Erscheinung, die sich im Laufe der anschließenden Jahrzehnte zu Verfallstendenzen verdichteten.

Um die angemessene Gewichtung und Interpretation der einzelnen Dekadenzphänomene und ihrer Ursachen bemühen und streiten sich die Gelehrten seit Jahrhunderten. Bei seiner aufwendigen und wissenschaftsgeschichtlich unterhaltsamen Suche nach den verschiedenen seit der Spätantike erwogenen Gründen für den ‚Fall Roms' hat es Alexander Demandt auf die stattliche Zahl von über zweihundert Deutungsangeboten gebracht. Bei der Klassifizierung und Bewertung der einzelnen Faktoren kristallisieren sich einige Deutungstypen heraus, die das insgesamt wenig überraschende Urteil zulassen, daß sowohl innere als auch äußere Entwicklungen den Untergang des römischen Reiches bedingten. Im Reichsinneren lassen sich auf verschiedenen Ebenen Desintegrationsprozesse erkennen, die nicht zuletzt durch die religiösen Konflikte befördert und zugespitzt wurden. Die Bindungswirkung der römischen (und griechischen) Tradition nahm kontinuierlich ab, und das hing nicht zuletzt mit der Unfähigkeit des Reiches zusammen, den zahlreichen ins Reich drängenden Nichtrömern Aufnahme und Integration zu ermöglichen. Freilich kann überhaupt kein Zweifel daran bestehen, daß die in ihrer Häufung und Intensität weder vorhersehbaren noch steuerbaren Wanderungsbewegungen von Goten, Franken, Vandalen, Hunnen und anderen Völkerschaften, verbunden mit der fortlaufenden Verbesserung ihrer militärischen Durchschlagskraft, wesentlich zur Verschärfung des gesamten Krisenszenarios beigetragen haben.

Trotz aller dieser Erwägungen und Unwägbarkeiten bleibt es freilich legitim und notwendig (und überdies lohnend), den Blick nicht auf Fall und Untergang zu verengen, sondern auf die Nachwirkungen und Kontinuitätslinien zu richten, zumal ein geschichtlicher Nullpunkt niemals existiert – auch 476 gab es ihn nicht. Aus unserer heutigen Perspektive gerät die Betrachtung der Wirkungsgeschichte der Antike zur Suche nach unserer eigenen, europäischen Vorgeschichte, denn: Auf nahezu allen Feldern des menschlichen Lebens und Denkens lassen sich Linien und Spuren verfolgen, die von der Blütezeit der Antike über die Spätantike ins Mittelalter und in die Neuzeit führen. Dabei hat sich das christlich-katholische Europa als der wichtigste Traditionsraum erwiesen. Für die europäische Sprache und Architektur, Literatur und Kunst, Philosophie und Staatstheorie auch noch des 19. und 20. Jahrhunderts gilt der Satz: „Überall ist Antike." Von überragender Bedeutung für deren Vermittlung, Weitergabe und Weiterleben ist die christliche Kirche gewesen. Bis heute basiert das Papsttum auf der in der Spätantike etablierten Vorrangstellung des Bischofs von Rom als kirchlichem Oberhaupt der ‚ersten Stadt der Welt' und auf seinem Anspruch auf die Nachfolge Petri. Bereits in der Übergangszeit des 5. und 6. Jahrhunderts haben zahlreiche spätantike Bischöfe in vielerlei Hinsicht als politische, soziale und kulturelle Autorität das Weiterleben antiker (Stadt-)Zivilisation ermöglicht – besonders im südlichen Gallien, in Burgund und in der Provence –, und in den Bibliotheken mittelalterlicher Klöster wie auch im spannungsreichen, jahrhundertelangen Konflikt zwischen *sacerdotium* und *imperium* wirkte die Antike weiter. Am augenfälligsten verkörpert für heutige Europäer die Siedlungskontinuität die unübersehbare Gegenwart antiker Vergangenheit. Nicht nur bauliche Überreste, sondern Siedlungspläne und das Straßennetz unserer Städte gehen häufig direkt auf die antiken Strukturen zurück, und nicht zuletzt in der Namensgebung lassen sich diese Linien nachzeichnen. So entstand, um prominentere Beispiele zu übergehen, das mittelalterliche Xanten im Umkreis eines spätantiken Gräberfeldes (*ad sanctos*, also „bei den Heiligen"). Wir leben folglich in materieller, aber auch in ideeller Hinsicht im wahrsten Sinne des Wortes auf den Fundamenten der Antike. In besonderem Maße gilt dies für den europäischen Rechtsstaat, der ohne die Ausbildung und Kodifikation des römischen Rechts nicht denkbar wäre.

Die Suche nach der Antike in der europäischen Moderne ließe sich noch auf vielen Feldern fortsetzen, zweifellos mit reichen Ergebnissen. So mag es denn, je nach Standpunkt und Interessenlage, auf die von jeder Generation aufs Neue zu stellende Frage, was Europa ohne die klassische Antike wäre, verschiedene Antworten mit unterschiedlichen Akzentsetzungen geben, doch in einem Punkt müssen alle diese Aussagen unweigerlich übereinstimmen: Ohne die Antike wäre Europa „nicht das, was es geworden ist" (Alexander Demandt).

Zeittafel

284–305	Diokletian; Erste Tetrarchie
286	Maximianus wird Augustus
293	Constantius I. Chlorus und Galerius werden Caesares
296–298	Aufstände in Ägypten
301	Währungsreform und Höchstpreisedikt
303	Beginn der Christenverfolgung
305	Abdankung Diokletians und Maximians; Zweite Tetrarchie
306	Tod Constantius' I. Chlorus; Konstantin wird Caesar; Dritte Tetrarchie; Usurpation des Maxentius in Rom
308	Vierte Tetrarchie; Augusti: Galerius und Licinius
310	Konstantin wird Augustus
311	Toleranzedikt (April) und Tod des Galerius (Mai)
312	Schlacht an der Milvischen Brücke
313	Mailänder Vereinbarungen zwischen Licinius und Konstantin
325	Erstes ökumenisches Konzil von Nicäa
330	Einweihung von Konstantinopel
332	Gotenvertrag Konstantins
337	Tod Konstantins; neue Augusti: Constantius II., Constans, Constantinus II.
340	Tod Constantinus' II.
350	Tod des Constans und Usurpation des Magnentius
351–354	Gallus Caesar
353	Tod des Magnentius
355	Julian wird Caesar
357	Sieg Julians über die Alamannen bei Straßburg
361	Tod Constantius' II.
361–363	Julian (alleiniger) Augustus
363–364	Jovian Augustus
364–375	Valentinian I. Augustus
364–378	Valens Augustus
367–383	Gratian Augustus
374–397	Ambrosius Bischof von Mailand
375–392	Valentinian II. Augustus
378	Schlacht bei Adrianopel
379–395	Theodosius I. Augustus
382	Gotenvertrag von Theodosius I.
382–384	Streit um den Victoria-Altar
383–408	Arcadius Augustus (Osten)
391	Verbot heidnischer Kulte
391–408	Stilicho Heermeister
391/95–410	Alarich I. König der Westgoten

392–394	Usurpation des Eugenius
393–423	Honorius Augustus (Westen)
397–403	Johannes Chrysostomus Bischof von Konstantinopel
408–450	Theodosius II. Augustus (Osten)
410	Alarich und die Westgoten erobern Rom
418–507	Tolosanisches Westgotenreich
425–455	Valentinian III. Augustus (Westen)
425–454	Aëtius Heermeister (Westen)
428–477	Geiserich König der Vandalen
429	Vandalen erobern Africa
431–471	Aspar Heermeister (Osten)
434–453	Attila König der Hunnen
438	Publikation des *Codex Theodosianus*
440–461	Leo (I.) der Große Papst in Rom
450–457	Marcian Augustus (Osten)
451	Schlacht auf den Katalaunischen Feldern; Viertes ökumenisches Konzil von Chalkedon
455	Plünderung Roms durch die Vandalen
456–472	Rikimer Heermeister (Westen)
457–474	Leo (I.) Augustus (Osten)
467–472	Anthemius Augustus (Westen)
474	Iulius Nepos Augustus (Westen)
475	Iulius Nepos abgesetzt und verbannt
475–476	Romulus Augustulus Augustus (Westen)
476	Odoaker setzt Romulus ab und wird König von Italien (bis 493)
480	Tod des Iulius Nepos in Dalmatien
481–511	Chlodwig König der Franken
491–518	Anastasius Augustus (Osten)
493–526	Theoderich der Große König der Ostgoten und Italiker
507	Sieg der Franken unter Chlodwig über die Westgoten unter Alarich II.
518–527	Justinus I. Augustus (Osten)
527–565	Justinian Augustus (Osten)
529	Schließung der Akademie in Athen
533	Eroberung des Vandalenreiches in Africa durch Belisar
534	Publikation des *Codex Iustinianus*
535–552	Belisar und Narses erobern Rom und Italien zurück
568	Langobarden in Italien

Literaturhinweise

Eine Reihe wichtiger Quellen zur Spätantike liegt in zweisprachigen, lateinisch-deutschen bzw. griechisch-deutschen Ausgaben vor, die auch für dieses Buch herangezogen worden sind. An erster Stelle zu nennen ist das Geschichtswerk von Ammianus Marcellinus (herausgegeben und übersetzt in vier Bänden von W. Seyfarth, Darmstadt 1983–1986). Ferner seien hervorgehoben die Reden (*orationes*) von Symmachus (herausgegeben, übersetzt und erläutert von A. Pabst, Darmstadt 1989), drei Briefe (*epistulae*) des Ambrosius sowie die dritte Eingabe (*relatio*) des Symmachus in der Textsammlung von R. Klein (Der Streit um den Victoriaaltar. Einführung, Text, Übersetzung und Erläuterungen, Darmstadt 1972), die Briefe (*epistulae*) Julians (Griechisch-deutsch von B.K. Weis, München 1973), zum Anonymus Valesianus (II.) die Ausgabe von I. König, Aus der Zeit Theoderichs des Großen. Einleitung, Text, Übersetzung und Kommentar einer anonymen Quelle, Darmstadt 1997, und schließlich noch die fünfbändige, griechisch-deutsche, von O. Veh besorgte Ausgabe der *Bella* (Kriege) des Prokop von Caesarea (Darmstadt 1961–1975). An verfügbaren, ebenfalls hier benutzten deutschen Übersetzungen seien ferner genannt die Gotengeschichte von Jordanes (übersetzt von W. Martens, Konstanz 1913), die „Neue Geschichte" des Zosimus (übersetzt und eingeleitet von O. Veh, durchgesehen und erläutert von S. Rebenich, Stuttgart 1990) sowie die Staatsreden des Themistius (Übersetzung, Einführung und Erläuterungen von H. Leppin und W. Portmann, Stuttgart 1998) und die Schrift „Über die Todesarten der Christenverfolger" des Laktanz (übersetzt von A. Hartel/A. Knappitsch in der „Bibliothek der Kirchenväter", Band 36, 1918). Der von Th. Mommsen, P. Krüger und P. Meyer erstmals 1904/5 edierte *Codex Theodosianus* liegt in einer englischen Übersetzung von C. Pharr (1969) vor.

Die Auswahl der wissenschaftlichen Literatur beschränkt sich – mit Ausnahme des grundlegenden Werkes von A.H.M. Jones – auf deutschsprachige Titel, um möglichst viele Interessierte zu weiterer Lektüre zur Spätantike einzuladen.

Bleckmann, B., Konstantin der Große, Reinbek 1996.
Brandt, H., Geschichte der römischen Kaiserzeit. Von Diokletian und Konstantin bis zum Ende der konstantinischen Dynastie (284-363), Berlin 1998.
Brown, P., Die Entstehung des christlichen Europa, München 1996.
Cameron, Av., Das späte Rom, München 1994.
Claude, D., Die byzantinische Stadt im 6. Jahrhundert, München 1969.
Demandt, A., Der Fall Roms. Die Auflösung des römischen Reiches im Urteil der Nachwelt, München 1984.
Demandt, A., Die Spätantike. Römische Geschichte von Diokletian bis

Justinian 284–565 n. Chr. (Handbuch der Altertumswissenschaft III, 6) München 1989.

Demandt, A., Was wäre Europa ohne die Antike?, in: Geschichte, Politik und ihre Didaktik 22, 1994, 40–51.

Engels, L. J./Hofmann, H. (Hgg.), Spätantike. Mit einem Panorama der byzantinischen Literatur (Neues Handbuch der Literaturwissenschaft Bd. 7), Wiesbaden 1997.

Fuhrmann, M., Rom in der Spätantike. Porträt einer Epoche, Zürich 1994.

Girardet, K. M., Die Konstantinische Wende und ihre Bedeutung für das Reich. Althistorische Überlegungen zu den geistigen Grundlagen der Religionspolitik Konstantins des Großen, in: E. Mühlenberg (Hg.), Die Konstantinische Wende, Gütersloh 1998, 9–122.

Jones, A. H. M., The Later Roman Empire 284–602, London 1964 (ND Baltimore 1986).

Kolb, F., Diocletian und die erste Tetrarchie. Improvisation oder Experiment in der Organisation monarchischer Herrschaft?, Berlin–New York 1987.

Lippold, A., Theodosius der Große und seine Zeit, Zweite Auflage München 1980.

Martin, J., Spätantike und Völkerwanderung (Oldenbourg Grundriß der Geschichte Bd. 4), Zweite Auflage München 1990.

Wolfram, H., Geschichte der Goten, Dritte Auflage München 1990.

Abbildungsverzeichnis

Abbildungen 1, 5: Zeichnung: Gertrud Seidensticker, Berlin
Abbildungen 2, 3, 4: Deutsches Archäologisches Institut Rom, Instituts-Negativ-Nr. 1545, 1952.30 (Prof. Berenson), 77.1641 (Rossa)
Abbildung 6: aus: H. Beck/P. C. Bol (Hgg.), Spätantike und frühes Christentum (Liebieghaus, Museum Alter Plastik, Frankfurt am Main)
Abbildung 7: Victoria & Albert Museum, London
Abbildung 8: Deutsches Archäologisches Institut, Istanbul
Abbildung 9: Firatli, Istanbul
Abbildung 10: Archiv für Kunst und Geschichte, Berlin

Register

Abdankung 11, 16, 19
Adäration 58
adoratio 15
Adrianopel 26, 53, 75
Ägypten 15, 18, 53
Aëtius 79 ff.
Africa 12, 15, 18, 22, 24, 31, 61, 73, 77, 79, 81 f., 88 f, 92, 102 ff.
Alamannen 36, 38, 43, 52, 54
Alanen 51, 73 f., 77, 79, 95
Alarich 68, 70 ff.
Alarich II. 85
Alexandria 32, 42 f., 93, 99
Alpenraum 66, 102
Ambrosius 55, 63 ff., 68
Ammianus Marcellinus 15, 39 ff., 45 f., 48 ff.
Anastasius 96 f.
annona 31
Anonymus Valesianus 86
Anthemius 82
Antiochia 42, 44, 46 f., 54, 93
Aper 10
Apollo 23 ff., 47, 74, 98
Aquileia 61
Araber 103
Arbogast 59, 66, 68
Arcadius 66, 68 ff., 87 ff.
Argentorate 38
Arianer 32, 37, 53, 55, 64, 87, 89, 97
Arles 22, 37
Armenien 15, 50, 60, 90
Aspar 94 ff.
Athanasius 32, 37, 53
Athaulf 76 f.
Athen 72, 99
Attila 80, 85, 92 f.
Augustinus 75 f.
Augustus 27, 74, 98

Aurelianus 89
Avitus 81

Bacchus 76
Bagauden 10
Balkan 11, 19 f., 50, 55, 57, 61, 71, 85, 95 f., 99
Basilius von Caesarea 53
Bauto 59
Belisar 79, 102
Bithynien 19 f.
Bonifatius 79
Britannien 12, 15, 61, 73, 77 f.
Brukterer 28
Buddenbrooks 7, 104
Bürgerkrieg 15, 27
Bürokratisierung 8, 13
Bulgaren 96
Burckhardt, Jacob 7
Burdigala 77
Burgunder 52, 77, 79, 82, 94
Byzanz 27, 29, 87 ff.

Callinicum 64
Cannae 55
Canossa 65
capitatio 13 f.
Carnuntum 21
Chalkedon 94, 97
Chlodwig 78
Christenverfolgung 12, 16 ff., 23, 46
Christogramm 25 f.
Chrysopolis 27
Cibalae 26
Claudian 73
Claudius II. 23
Codex Theodosianus 39, 45, 47 f., 53, 57, 61 f., 80, 89, 94, 101
Constans 33 ff.

112

Constantia 26
Constantinus II. 33 ff.
Constantinus III. 73, 77
Constantius I. 10 ff.
Constantius II. 33 ff., 44, 51
Constantius III. s. Flavius Constantius
Corpus iuris civilis 100 f.
Crispus 27 f.

Dalmatien 10, 68, 71, 81 ff.
Delmatius 33 f.
Dezennalien 17
Diana 26
Diözesen 13
Diokletian 8, 10 ff., 46, 99, 104
Dioskuren 29
Diptychen 67
Dominat 8, 15
Domitius Alexander 22 f.
Donatisten 24, 31
Donauraum 12, 15, 28, 51, 71, 85, 95, 102
Dürrenmatt, Friedrich 83 f.
Dyophysitismus 93, 95

Eboracum 21
Edictum Theodorici 86
Ephesos 53, 93, 100
Eruler 95
Eudocia 91
Eudoxia 89 ff.
Eugenius 66, 71 f., 87
Eurich 78
Eusebius v. Caesarea 20, 24
Eusebius v. Nicomedia 32
Eutharich 97
Eutropius 87

Fausta 21, 28
Finanzen 12 ff., 31, 100
Flavius Constantius 77 ff.
Flavius Felix 79
Foederaten 29, 59, 72, 77 ff.
Follis 14

Franken 28, 38, 43, 52, 59, 78 f., 105
Fravitta 87 f.
Fritigern 58

Gainas 87
Galerius 10 ff.
Galla Placidia 68, 77 ff.
Gallien 11 f., 15, 38 f., 43, 61, 66, 73, 77, 81 f, 84, 106
Gallus 36, 38, 42
Gaza 89 f.
Geiserich 81 f., 95
Geldsystem 14
Germanien 73
Gildo 73
Gladiatorenspiele 40
Glycerius 82
Goten 15, 28 f., 37, 51, 53 f., 58 ff., 65, 68, 70 ff., 85 ff., 94 ff., 102 f., 105
Gratian 52, 54 f., 57 ff.
Gregor von Nazianz 53
Gregor von Nyssa 53
Griechenland 12, 71, 85, 95 f.
Gundobad 82

Hagia Sophia 41, 100 f.
Hannibal 55
Heermeister 31, 39, 65, 71, 73 f., 77 ff., 87 ff., 99, 102
Helena 20
Helios s. Sol
Heraclianus 77
Hercules 11, 22
Herculius 11, 17, 22
Herodot 48
Höchstpreisedikt 14
Hof 31, 40, 51, 79 ff., 87 ff.
Hofämter 31, 87
Homer 48
Honorius 66, 68 ff., 87
Hunnen 51, 54, 68, 71, 79 f., 85, 92, 94 ff., 105
Hypatia 93

Illyrien 19 f., 36, 71, 73
indictio 31
Iovinus 77
Iovius 11, 17, 22, 26
Isaurien 96
Italien 12, 61 f., 66, 68, 72 ff., 95 f., 102 ff.
iugatio 13 f.
Iulius Constantius 42
Iuius Nepos 82 ff.
Iupiter 11, 17, 67, 98

Johannes 79
Johannes Chrysostomus 90
Johannes v. Ephesos 100
Jordanes 70, 76 f., 92, 95
Jovian 49 ff., 60
Juden 64
Julian 38, 41 ff., 51
Justinian 8, 79, 83, 87, 98 ff.
Justinus 97 ff.

Karthago 77, 79
Katalaunische Felder 80, 85, 92
Kilikien 39
Köln 38
Konstantin 19 ff., 40 f., 43 f., 86, 93, 98, 104
Konstantinopel 29 ff., 40 ff., 50, 54, 59 f., 62, 66, 68 f., 72, 74, 79, 81 f., 85 ff.
Konstantinsbogen 25 ff.
Kontorniaten 63
Konzil 24, 31, 37, 62, 93 ff., 98
Kuriale 40, 45, 48
Kyrill 93

Labarum 25
Laktanz 12, 18 ff.
Langobarden 103
Leo I. (Kaiser) 94 f.
Leo I. (Papst) 95

Libanius 42, 55
Libius Severus 81
Licinia Eudoxia 80
Licinius 22 ff.

Magnentius 36, 38
Magnus Maximus 61
Mailand 26, 37, 50, 61, 64 f., 68, 73, 87
Maiorian 81
Makedonien 58, 73
Manichäer 16
Mann, Thomas 7
Marcellinus Comes 83
Marcian 92 ff.
Markomannen 15
Marnas 89 f.
Mars 98
Massilia 77
Maxentius 11, 21 ff.
Maximian 10 ff.
Maximinus Daia 11, 19, 22 ff.
Maximus 53
Mesopotamien 37, 50
Milvische Brücke 23 f.
Moesien 79
Monophysitismus 95, 97, 100
Mursa 37

Naissus 20, 30
Narbo 77
Narses (Perser) 15
Narses 102
Neapel 83
Nestorius 93
Nibelungen 80
Nicäa 32
Nicomachus Flavianus 66 f.
Nicomedia 19 f., 32
Nisibis 50

Odoaker 83 ff.
Opferverbot 39, 65
Orestes 82 f.
Orosius 10, 34, 68, 76

Palästina 89 f.
Panegyrici Latini 23
Pannonien 37, 80, 82, 85, 103
Papst 75, 95, 97, 106
Paris 38
Perser 15, 33, 36 ff., 44, 47 ff., 92, 96, 102
Petronius Maximus 81
Platon 49
pontifex maximus 24, 57, 61 f., 98
Porphyrius 90
Prätorianer 21
Prätorianerpräfektur 10, 12 f., 31, 34 f., 39, 71, 89, 91, 102
Prokop 76, 81, 100
Provinzen 12, 15, 39, 43
Pulcheria 91

Radagais 74
Ravenna 73 f., 80, 82, 85 ff.
Reichsteilung 12, 51, 68 ff.
Rhein 28, 36, 38, 52, 102
Rikimer 81 f., 92
Rom 16 f., 22 ff., 29, 36, 40 f., 55, 62 ff., 75 f., 81 f., 84, 95, 97, 102, 106
Romulus Augustulus 82 ff.
Rufinus 56
Rufinus (praef. praet.) 71, 87
Rugier 85
Rutilius Namatianus 76

Salutius 49
Sarmaten 15, 28, 51
Senat 30 f., 41, 81, 84, 86, 96 f.
Serdica 26
Serena 71
Severus 11, 19, 21
Shapur II. 37, 60
Shapur III. 60
Silvanus 26
Silvanus (Usurpator) 38
Skiren 83

Slawen 96
Sol 23 ff., 30, 43 f.
solidus 31, 97
Spanien 12, 57, 61, 77, 79, 84, 102 f.
Stadtpräfekt 40, 59, 62, 65, 84
Steuern 12 f., 31, 36, 39, 45, 54, 58, 76, 97, 100
Stilicho 68 ff., 81, 87, 92
Subsidien 29, 39, 74, 92, 95 ff., 102
Sueben 74, 79, 81
Symmachus 52, 62 ff.
Synesius 88 f., 93, 99

Tempelzerstörung 39
Terminalia 17
Tetrarchie 10 ff., 34, 104
Themistius 59 f.
Theoderich 70, 85 f., 97
Theoderid 77
Theodora 99 ff.
Theodosius I. 29, 57 ff., 89, 104
Theodosius II. 80, 90 ff.
Thessalonike 61, 65
Thrakien 26, 54, 60, 71, 92
Thukydides 48
Ticinum 26
Tolosa 78
Tribigild 87
Trier 22, 50, 52, 61
Tyche 29

Ukraine 85
Usurpation 10, 15, 22, 38, 41, 43, 60 f., 66, 73, 77, 79

Valens 49 ff., 57, 59, 68
Valentinian I. 49 ff., 57, 68
Valentinian II. 57 ff., 69
Valentinian III. 77, 79 ff.
Valia 77
Vandalen 68, 73 f., 79, 81 ff., 95, 102, 105

Vegetius 58, 88
Vetranio 36, 38
Victoria 17, 23, 62, 66, 74
Vikar 13
Vitalianus 97
Völkerwanderung 51, 53 ff., 105

Währungsreform 14
Wulfila 37

Xanten 106

Zeno 96
Zosimus 28

Aus dem Verlagsprogramm

Streifzüge durch die antike Welt

Kai Brodersen (Hrsg.)
Große Gestalten der griechischen Antike
58 historische Portraits von Homer bis Kleopatra
1999. 507 Seiten mit 1 Karte und 1 Zeittafel. Leinen

Leonhard Burckhardt/Jürgen von Ungern-Sternberg (Hrsg.)
Große Prozesse im antiken Athen
2000. 301 Seiten mit 9 Abbildungen im Text. Leinen

Hellmut Flashar
Sophokles
Dichter im demokratischen Athen
2000. 220 Seiten. Leinen

Hans-Joachim Gehrke
Kleine Geschichte der Antike
1999. 243 Seiten mit 124 Abbildungen, davon 61 in Farbe
sowie 3 Pläne und 2 farbige Karten als Vor- und Nachsatz. Gebunden

Volkert Haas
Babylonischer Liebesgarten
Erotik und Sexualität im Alten Orient
1999. 208 Seiten mit 10 Abbildungen und 1 Karte. Gebunden

Karl-Joachim Hölkeskamp/Elke Stein-Hölkeskamp (Hrsg.)
Von Romulus zu Augustus
Große Gestalten der römischen Republik
2000. 394 Seiten mit 4 Karten. Leinen

Verlag C. H. Beck München

Streifzüge durch die antike Welt

Hartwin Brandt
Wird auch silbern mein Haar
Eine Geschichte des Alters in der Antike
2002. 203 Seiten mit 89 Abbildungen. Leinen

Niklas Holzberg
Ovid
Dichter und Werk
2., durchgesehene Auflage. 1998. 220 Seiten. Leinen

Martin Hose
Kleine griechische Literaturgeschichte
Von Homer bis zum Ende der Antike
1999. 261 Seiten. Paperback
(Beck'sche Reihe Band 1326)

Martin Hose (Hrsg.)
Meisterwerke der antiken Literatur
Von Homer bis Boethius
2000. 188 Seiten. Paperback
(Beck'sche Reihe Band 1382)

Christoph Ulf (Hrsg.)
Der neue Streit um Troia
Eine Bilanz
2003. 384 Seiten mit 17 Abbildungen und 10 Karten. Leinen

Rainer Vollkommer
Sternstunden der Archäologie
2000. 231 Seiten mit 21 Abbildungen und 2 Karten im Text. Paperback
(Beck'sche Reihe Band 1395)

Verlag C. H. Beck München

C.H.BECK ■ WISSEN
in der Beck'schen Reihe

Zuletzt erschienen:

- 2048: Honomichl, **Insekten**
- 2182: Rossi, **Der Vatikan**
- 2188: Schwentker, **Die Samurai**
- 2207: Budde, **Schuberts Liederzyklen**
- 2211: Demmler, **Schumanns Sinfonien**
- 2302: Patzek, **Homer und seine Zeit**
- 2303: Lang, **Himmel und Hölle**
- 2304: Witzel, **Das Alte Indien**
- 2305: Schlögl, **Das Alte Ägypten**
- 2306: van Ess, **Konfuzianismus**
- 2308: Pabst, **Die Athenische Demokratie**
- 2309: Heinen, **Geschichte des Hellenismus**
- 2310: Schneede, **Vincent van Gogh**
- 2311: Vorländer, **Demokratie**
- 2312: Berghahn, **Der Erste Weltkrieg**
- 2313: Schreiner, **Maria**
- 2314: Stöver, **Der Kalte Krieg**
- 2315: Kolb, **Gustav Stresemann**
- 2316: Reutter, **Voodoo**
- 2317: Hacker, **Menschen, Seuchen und Mikroben**
- 2319: Padberg, **Bonifatius**
- 2320: Osterhammel/Petersson, **Geschichte der Globalisierung**
- 2321: Gronke, **Geschichte Irans**
- 2322: Rothermund, **Mahatma Gandhi**
- 2323: Schorn-Schütte, **Königin Luise**
- 2324: Herz, **Geschichte Israels**
- 2326: Kratz, **Die Propheten Israels**
- 2327: Bohn, **Die Piraten**
- 2328: Cancik-Kirschbaum, **Die Assyrer**
- 2329: Schulz/Doering, **Klassik**
- 2330: Arens/Braun, **Die Indianer Nordamerikas**
- 2331: Jánosi, **Die Pyramiden**
- 2332: Meier, **Justinian**
- 2333: Steinbacher, **Auschwitz**
- 2334: Junker, **Geschichte der Biologie**
- 2335: Simek, **Götter und Kulte der Germanen**
- 2336: Sinn, **Athen**
- 2337: Blome/Zaun, **Der Urknall**
- 2338: Thorau, **Die Kreuzzüge**
- 2339: Tamcke, **Das orthodoxe Christentum**
- 2340: Schwerhoff, **Die Inquisition**